THE GIANT WORD SEARCH CHALLENGE

```
C  Q  S  Y  Z  K  M  Q  M  N  M  E  Q  P  J
C  D  R  Q  F  I  H  M  X  T  V  H  J  Y  D
O  B  W  O  P  G  F  A  J  T  E  C  F  Y  Y
C  O  B  T  P  K  O  D  W  U  S  S  M  M  V
I  T  W  F  E  H  T  K  I  P  L  T  N  A  Z
T  J  D  H  N  B  S  P  D  D  F  K  L  Z  A
Q  V  X  L  K  G  T  W  O  E  D  E  B  H  K
Q  B  I  K  R  O  M  I  M  R  N  B  U  W  B
W  L  R  I  Q  J  K  U  F  F  F  Z  O  R  D
C  F  A  T  B  I  Z  I  O  R  Z  C  J  U  M
Q  X  J  N  L  Y  D  Y  A  C  X  G  Y  Z  Y
O  F  E  L  A  P  P  T  G  F  F  E  K  F  G
I  L  L  P  C  I  O  U  S  U  S  S  D  D  R
E  F  Q  X  K  I  Y  V  N  U  C  W  V  P  Z
D  D  D  B  M  M  R  G  Y  E  A  G  X  X  C
```

200

ASSORTED
LARGE PRINT
MIND SPLITTING
WORD SEARCH PUZZLES

Assorted Words 1

```
F  R  A  G  M  E  N  T  I  N  G  I  R  O  U
X  D  E  U  L  O  G  I  Z  E  D  Y  X  S  U
P  K  L  A  I  U  N  E  M  B  E  D  D  E  D
G  M  U  P  R  E  F  I  G  U  R  I  N  G  D
Q  E  S  W  S  J  E  T  T  U  R  M  O  I  L
F  A  C  E  L  L  O  P  H  A  N  E  C  S  G
I  S  I  F  B  V  N  A  M  G  M  N  S  F  S
R  U  O  B  C  R  Q  L  X  R  I  R  F  C  T
E  R  U  K  O  O  O  K  E  Z  E  L  O  H  U
P  E  S  X  R  G  L  A  O  S  C  E  E  O  R
L  L  N  K  H  G  G  L  C  P  I  N  N  D  D
A  E  E  P  Y  E  M  I  U  H  Y  R  H  D  I
C  S  S  T  P  E  W  S  N  D  I  P  N  I  E
E  S  S  H  G  R  X  T  U  G  E  N  Z  U  R
S  K  R  A  B  M  E  S  I  D  O  B  G  X  S
```

ALKALIS	EMBEDDED	SUNRISE
BOGGING	EULOGIZED	SWEPT
BROACHING	FIREPLACES	TURMOIL
CELLOPHANE	FRAGMENTING	
COLLUDE	LUSCIOUSNESS	
DELIGHTFUL	MEASURELESS	
DISEMBARKS	PREFIGURING	
DOORMAT	STURDIER	

Assorted Words 2

```
N  E  O  C  L  A  S  S  I  C  A  L  F  V  Z
R  K  S  G  L  B  Z  F  Y  R  V  Q  R  Q  P
U  R  D  E  P  A  R  L  E  Y  E  D  E  V  R
C  O  B  W  R  R  C  E  F  Y  F  P  G  C  O
K  L  R  B  I  O  V  I  M  R  U  N  U  B  H
S  L  X  Z  O  N  H  Z  T  D  J  N  R  L  I
A  B  A  W  C  E  D  P  A  A  V  U  G  A  B
C  A  L  O  U  T  E  L  A  L  M  I  I  M  I
K  C  R  E  V  I  R  D  E  M  S  M  T  E  T
M  K  O  V  M  O  N  T  A  G  E  I  A  B  E
J  O  K  I  N  G  L  Y  I  K  K  S  T  R  D
R  S  U  O  U  T  R  O  T  Q  C  J  E  A  G
Z  G  X  S  U  L  F  A  T  E  S  I  D  I  A
N  O  N  S  E  N  S  E  X  P  R  X  H  N  M
I  E  Q  O  L  D  E  I  N  A  Z  G  E  C  S
```

BARONET	MOUSED	SEMAPHORES
CHICKADEE	NEOCLASSICAL	SULFATES
DRIVER	NONSENSE	TORTUOUS
DWINDLE	PARLEYED	ZANIED
GRAMMATICAL	PROHIBITED	
JOKINGLY	REGURGITATED	
LAMEBRAIN	ROLLBACK	
MONTAGE	RUCKSACK	

Puzzle #3

Assorted Words 3

```
Z  R  A  Z  D  D  C  T  X  S  J  U  B  C  K
A  K  O  N  C  D  O  R  S  T  C  G  J  H  F
G  U  F  A  T  A  E  C  E  E  I  W  N  G  S
D  D  X  L  S  I  P  C  T  E  I  C  Y  A  C
I  I  D  I  G  E  C  I  O  O  P  K  A  R  A
S  S  U  O  L  M  L  I  T  R  R  I  S  T  M
A  R  E  K  S  I  R  B  P  A  R  A  N  U  P
P  U  N  A  U  J  A  K  M  A  L  E  T  G  D
P  P  C  D  E  Y  A  R  B  U  T  I  C  E  N
R  T  O  X  H  S  Y  B  I  E  T  I  Z  T  S
O  I  R  D  E  L  E  U  F  E  R  S  O  E  R
V  V  E  B  I  D  B  Y  W  G  S  V  X  N  D
I  E  S  I  R  H  U  W  F  A  T  H  E  R  S
N  H  E  P  T  A  G  O  N  S  S  I  U  U  W
G  N  I  Z  I  T  O  N  P  Y  H  R  Z  U  R
```

ANTICIPATIONS	DISRUPTIVE	SCAMP
AUXILIARIES	DOCTORATES	STUMBLES
BRAYED	DUSKIEST	TACIT
BRISKER	ENCORES	
CAPITALIZED	FATHERS	
CORRECT	HEPTAGONS	
CREEPING	HYPNOTIZING	
DISAPPROVING	REFUELED	

Assorted Words 4

```
J K L D I S Q U A L I F I E D
D A N C E R S F L G C Y M N K
Y N S U O N E C R A L W I O R
I T A R G N I T A U Q E G N M
N T E R T Q F E L I F E R P O
T Z U K W N X I S S C T A L T
E W H T C H E F G P C I T U I
R D R A O I A M F U O P E S V
S R E L P R R L E V R U S E A
T E H V U R I H S U P E T S T
E P A N L G L A M R O F N I I
L L B P A O D Y L T R N V E O
L I K M S K S N N S E Z E H N
A E L Q R B V B A X A N C D A
R D E T A R O B A L L O C Y L
```

ABSOLVED	EQUATING	REFILE
COLLABORATE	INFORMAL	REHAB
CONFIGURE	INTERSTELLAR	REPLIED
COPULAS	LARCENOUS	RICKETY
CORPOREAL	MIGRATES	SPOUT
DANCERS	MOTIVATIONAL	TUTORIALS
DENOUEMENT	NARWHALS	
DISQUALIFIED	NONPLUSES	

Assorted Words 5

```
P S T I N F L U E N C E S L J
A O D W T D E I H U F X U O Z
D P L I S E E J H B A P V O Z
R P A L M N P B G N H L H T Z
D G W N S A E M B X Q I Z E Y
M B U R G E R S I O O C O R D
Y R V F H K M Y I L B I A S E
S U G D F A W Z P R G T D Y V
T M O I E A C A M P A N I L I
I M O N W P W T I N I E S T O
F E F S O Q O S J Y Y S A N U
I R I T N E N L N J D S L H S
E J E E V I A X L Z M D L J L
D F R A G M E N T A T I O N Y
D S J D P U P P E D G Q W T E
```

ARISEN	GALLOPED	POLLS
BOBBED	GOOFIER	PUPPED
BURGERS	GUFFAWS	PYRAMIDS
CAMPANILI	INFLUENCES	RUMMER
DEVIOUSLY	INSTEAD	TINIEST
DISALLOW	LIMPET	TODDY
EXPLICITNESS	LOOTERS	
FRAGMENTATION	MYSTIFIED	

Assorted Words 6

```
L  C  D  N  N  I  G  H  T  S  H  I  R  T  S
L  W  E  P  I  C  U  R  E  A  N  T  L  G  A
G  D  M  M  A  G  N  I  H  S  I  V  A  R  T
G  I  E  T  E  R  N  A  L  L  Y  J  R  O  U
P  N  R  S  L  R  R  M  B  A  Q  N  V  T  R
A  D  I  M  D  O  C  O  A  U  S  Z  H  T  A
R  E  T  T  A  D  B  H  T  R  C  B  T  O  T
T  F  O  X  A  B  I  E  N  N  I  A  L  S  I
I  E  U  N  K  R  S  S  F  O  Z  A  R  G  O
C  N  D  T  D  I  D  R  T  U  S  J  C  P  N
I  S  C  S  U  P  W  Y  E  A  D  I  H  H  S
P  I  S  E  H  C  N  U  H  H  F  D  E  V  I
L  B  S  N  A  B  R  U  T  E  T  F  L  R  K
E  L  S  P  I  N  N  E  R  S  D  A  S  E  S
S  E  Y  H  G  N  I  T  O  O  C  S  L  K  S
```

BEFUDDLE	GROTTOS	PARTICIPLES
BIENNIALS	HUNCHES	RAVISHING
CARPS	INDEFENSIBLE	SATURATION
DEHYDRATING	LATHERS	SCOOTING
DEMERIT	MARIACHI	SPINNERS
DISTAFFS	NIGHTSHIRTS	TURBANS
EPICUREAN	OSIERS	
ETERNALLY	PARROT	

Assorted Words 7

```
L  I  L  A  I  R  O  T  A  N  R  E  B  U  G
A  G  A  D  K  S  G  R  E  I  P  M  I  G  V
Z  I  V  N  E  T  N  D  I  A  M  R  E  M  W
U  N  I  M  G  P  F  E  T  U  L  F  V  K  M
G  I  A  G  C  R  P  I  T  I  X  S  I  Z  D
P  N  R  V  A  K  A  O  L  T  G  L  P  D  I
O  S  I  E  C  M  N  N  T  E  A  X  E  C  S
E  T  E  L  K  S  M  O  D  K  C  F  R  Q  A
T  I  S  D  L  G  T  O  W  S  C  A  S  K  B
I  G  V  E  E  E  N  N  C  I  O  A  F  I  L
C  A  I  F  N  C  H  I  I  V  N  N  L  C  E
A  T  S  F  F  U  B  S  K  E  I  G  S  B  M
L  O  S  D  E  E  T  S  U  I  F  V  E  V  E
S  R  E  M  A  N  D  T  O  B  P  U  E  S  N
N  A  I  R  T  U  N  L  A  C  I  N  Y  C  T
```

ATTUNES	DISABLEMENT	INSTIGATOR
AVIARIES	FACELIFT	KNOWINGEST
BLACKTOPPED	FATTENS	MERMAID
BUFFS	FEINTS	NUTRIA
BUSHELLING	FLUTE	PIKING
CACKLE	GIMPIER	POETICAL
COMMA	GRANDSONS	REMAND
CYNICAL	GUBERNATORIAL	STEEDS

Assorted Words 8

```
J  O  F  P  H  Y  T  I  S  O  I  C  E  R  P
E  G  I  R  S  C  R  A  P  S  C  D  P  O  D
P  L  B  E  C  H  A  H  Y  E  W  H  O  S  P
R  R  E  S  O  R  S  E  Q  X  A  Q  T  C  O
I  E  R  C  R  O  E  L  R  E  V  J  T  I  R
M  T  G  R  T  M  B  T  K  B  E  P  E  L  R
I  R  L  I  X  O  P  P  T  C  R  D  R  L  I
T  I  A  B  R  S  R  K  O  E  S  G  I  A  N
I  E  S  E  R  O  O  S  I  B  Y  R  N  T  G
V  V  S  S  M  K  I  R  C  E  A  G  I  E
E  E  R  R  M  E  C  H  A  N  I  C  L  O  R
S  R  X  U  P  S  E  T  T  E  N  I  D  N  S
L  A  N  O  I  T  C  U  R  T  S  N  I  H  T
T  R  E  A  D  S  E  T  A  N  E  G  Y  X  O
X  P  M  E  C  N  A  B  R  U  T  S  I  D  N
```

BREACH	INSTRUCTIONAL	PRESCRIBES
CHROMOSOMES	LAYETTE	PRIMITIVES
CRAPS	MECHANIC	RETRIEVER
DINETTES	OSCILLATION	TREADS
DISTURBANCE	OXYGENATE	WAVERS
ELECTORS	PORRINGERS	
FIBERGLASS	POTTERING	
GRACING	PRECIOSITY	

Assorted Words 9

```
P  Y  C  N  S  T  U  D  S  F  D  Y  T  M  T
B  L  N  O  I  M  H  X  M  L  V  Z  S  A  I
U  V  M  T  L  D  O  V  J  U  W  K  H  Y  M
S  D  C  H  Z  L  E  K  B  T  O  F  A  O  M
W  C  E  N  T  Y  A  T  I  I  A  I  P  N  O
J  W  I  T  B  I  L  T  H  N  J  R  E  N  D
E  W  L  T  A  U  R  S  E  G  G  T  L  A  E
R  S  R  E  S  R  L  O  U  S  I  H  I  I  R
F  E  S  C  V  I  E  L  G  O  T  S  E  S  A
L  E  H  E  J  E  L  N  F  L  T  V  R  E  T
A  K  S  S  G  J  R  L  E  R  A  E  A  A  E
U  P  R  K  A  R  V  S  A  G  O  V  V  W  F
N  A  S  I  T  R  A  P  I  B  V  G  R  O  M
T  N  Z  I  Y  S  B  L  X  C  Q  W  W  H  C
S  H  A  I  L  L  E  M  A  C  B  U  L  Z  K
```

ALGORITHM	FARSIGHTED	MAYONNAISE
BALLISTICS	FIRTHS	SHAPELIER
BIPARTISAN	FLAUNTS	SMOKING
BRASHER	FLUTING	STUDS
BULLFROG	GENERATED	
CAMELLIA	IMMODERATE	
COLLATES	LARGESSE	
COVETOUSLY	LEVERS	

Assorted Words 10

```
O  M  O  E  L  B  A  R  A  P  M  O  C  N  I
H  E  V  I  S  N  E  P  X  E  N  I  V  E  O
R  G  N  I  P  A  E  L  D  N  I  C  S  E  R
M  H  T  G  T  N  B  S  F  R  W  E  P  W  N
I  G  M  I  L  H  T  A  L  K  S  L  O  A  R
R  R  E  Q  N  O  S  I  A  I  L  A  S  L  D
T  A  N  U  A  Q  O  H  B  V  V  C  T  I  Z
H  V  I  O  T  Q  P  M  B  R  M  T  I  N  P
L  E  A  C  H  A  G  R  I  N  N  I  N  G  A
E  L  L  X  S  P  O  O  N  E  D  V  G  V  R
S  L  S  L  E  K  W  E  E  B  S  A  P  K  K
S  Y  P  Y  S  F  Q  H  S  I  T  T  O  S  W
R  A  D  I  A  T  E  D  S  C  T  E  Y  V  A
C  C  O  N  T  R  O  V  E  R  T  S  B  H  Y
C  D  D  E  S  O  N  G  A  I  D  S  I  M  S
```

ACTIVATES	INEXPENSIVE	RADIATED
CHAGRINNING	LEAPING	RESCIND
CONTROVERTS	LIAISON	SOTTISH
FLABBINESS	MENIALS	SPOONED
GLOOMIEST	MIRTHLESS	TALKS
GRAVELLY	MISDIAGNOSED	WALING
HELLS	PARKWAYS	
INCOMPARABLE	POSTING	

Assorted Words 11

```
P  S  N  A  I  R  W  O  R  T  H  I  E  S  T
O  P  C  O  M  P  O  S  E  D  C  N  D  R  Z
L  O  G  U  I  F  A  Y  T  S  E  N  O  H  E
I  K  A  N  T  R  D  E  T  A  L  O  I  V  C
T  E  D  L  E  R  R  A  C  D  E  G  N  O  G
I  S  A  U  H  G  M  A  H  A  B  J  S  P  P
C  M  B  S  D  N  I  M  C  H  R  O  C  U  O
I  A  O  O  A  S  R  E  G  D  A  C  R  C  T
Z  N  U  D  T  E  K  S  M  G  T  N  I  K  H
E  Y  T  I  R  A  L  U  C  R  I  C  B  I  O
S  P  S  R  A  R  P  F  I  W  N  A  E  S  L
V  S  E  D  I  C  I  M  R  E  G  L  D  H  D
H  Y  L  S  U  O  M  E  H  P  S  A  L  B  E
P  K  K  O  U  T  D  O  I  N  G  A  P  U  R
B  J  C  W  S  T  C  E  R  I  D  S  I  M  S
```

AIRWORTHIEST	FLEAS	OUTDOING
BLASPHEMOUSLY	GADABOUTS	POLITICIZES
CADGERS	GERMICIDES	POTHOLDERS
CARREL	GONGED	PUCKISH
CARRION	HONESTY	SPOKESMAN
CELEBRATING	INSCRIBED	VIOLATED
CIRCULARITY	MINDS	
COMPOSED	MISDIRECTS	

Assorted Words 12

```
S  R  E  T  H  G  I  F  E  Z  I  R  P  O  A
Y  S  Y  L  B  A  R  A  P  E  S  N  I  P  A
X  F  U  I  S  T  N  E  M  I  G  E  R  E  H
A  B  I  C  K  E  R  I  N  G  K  Z  N  D  O
H  Z  F  D  O  P  T  S  J  A  W  D  F  A  M
O  S  Z  P  I  F  R  R  L  T  H  U  D  G  E
M  B  F  A  H  C  J  A  D  A  T  K  E  O  S
A  P  P  L  I  C  A  N  T  S  P  N  I  G  T
R  W  V  A  S  P  D  P  L  T  E  R  P  U  E
G  P  A  I  P  V  E  K  P  K  L  M  A  E  A
U  C  A  R  G  O  S  V  G  E  E  E  R  C  D
E  S  P  C  D  P  H  Z  J  B  N  R  S  R  E
D  P  W  H  D  E  D  C  R  Y  U  D  L  B  R
D  Y  F  Z  J  E  D  F  C  K  R  Z  I  P  S
F  O  C  J  N  A  R  E  N  A  S  G  A  X  B
```

ACIDIFY	FOCUS	REDCAP
APPENDIX	HOMESTEADERS	REGIMENTS
APPLICANTS	INSEPARABLY	SANER
ARGUED	JADES	
AWARDED	PEDAGOGUE	
BICKERING	PIAZZA	
CARGOS	PRATTLES	
CARPALS	PRIZEFIGHTERS	

Assorted Words 13

```
G  A  W  G  T  S  U  O  R  E  H  C  E  L  D
T  U  K  W  N  W  G  G  R  U  E  S  O  M  E
H  C  T  R  E  I  H  S  A  L  F  B  V  T  L
I  B  L  T  N  Z  L  E  R  E  C  U  A  S  I
E  Y  R  R  E  H  S  L  S  H  O  R  E  D  B
V  O  U  I  R  D  N  B  E  P  L  G  Q  D  E
I  E  T  H  V  J  I  A  B  V  O  K  W  I  R
N  P  R  O  A  S  E  S  O  N  I  L  C  D  A
G  T  F  L  T  D  A  K  E  I  A  R  S  A  T
C  O  N  D  E  N  S  E  T  T  R  O  D  C  I
Z  A  I  E  D  T  E  D  S  D  A  A  F  T  O
K  L  H  R  F  R  E  E  B  I  E  G  E  I  N
T  G  T  G  N  I  T  A  L  U  C  L  A  C  S
U  Q  F  I  E  S  C  U  T  C  H  E  O  N  S
F  U  R  T  H  E  R  M  O  S  T  F  R  C  G
```

AGATES	ENERVATED	LECHEROUS
BASKED	ESCUTCHEONS	NOSES
CALCULATING	FLASHIER	SAUCER
COLED	FREEBIE	SHERRY
CONDENSE	FURTHERMOST	SHORED
DELIBERATIONS	GRUESOME	SLOPS
DIDACTIC	GUTTED	THIEVING
DRIVELLING	HOLDER	

Assorted Words 14

```
D  Y  L  L  A  I  T  I  N  I  S  D  W  O  N
N  O  I  T  A  Z  I  M  E  T  I  R  U  P  E
C  A  B  B  Y  P  K  C  U  N  S  X  A  T  R
R  J  Z  N  O  I  T  A  T  R  E  S  S  I  D
I  N  O  I  T  A  R  E  M  U  N  K  X  M  S
S  G  N  I  G  G  E  L  D  S  G  X  R  A  A
P  R  S  E  S  E  D  I  M  E  S  F  R  A  W
Y  D  O  N  A  G  E  V  C  I  Z  D  O  V  H
Y  T  I  L  I  B  A  T  P  A  D  A  A  H  O
H  E  R  R  I  N  G  B  O  N  E  K  R  I  R
D  I  S  I  N  C  L  I  N  I  N  G  I  C  S
D  D  R  S  R  E  N  I  D  Q  M  H  C  N  E
E  J  A  L  Q  P  R  U  D  E  N  C  E  R  T
A  U  E  V  I  T  A  V  O  N  N  I  N  G  B
C  S  A  D  O  G  A  P  B  C  P  O  E  H  D
```

ADAPTABILITY	DISSERTATION	OPTIMA
CABBY	HARKEN	PAGODAS
COUNCILORS	HERRINGBONE	PRUDENCE
CRAZED	INITIALLY	SAWHORSE
CRISPY	INNOVATIVE	SNUCK
DIMES	ITEMIZATION	VEGAN
DINERS	LEGGINGS	
DISINCLINING	NUMERATION	

Assorted Words 15

```
L E N N E F L A M Y R H C A L
E W S D N A B D A E H B P Y Z
A C H A S U B L E S E H G V M
S I E D S L E T A R E N O X E
E N T L I Q D E T A R R E S Y
B I M O L C O X Z S B S R Q P
D N B B O U T I Q U E W E I O
K E M W Y Y L U E F L I C M R
G R T O P C C O M K O F H I T
G T A A N S V N I S N T E S R
H N X V U E K S E D G E C N A
L E U C A D T S H I I S K O Y
B S Y J D G A A A N N T E M E
C S L U N T E R R B G E D E D
H A Y M O W N S G Y Z A L R M
```

ASHIEST	FENNEL	MISNOMER
BASKS	GRADUATED	MONETARY
BELONGING	HAYMOW	PORTRAYED
BOUTIQUE	HEADBANDS	RAVAGES
CELLULOID	INERTNESS	RECHECKED
CHASUBLES	LACHRYMAL	SERRATED
DICTUMS	LEASE	SWIFTEST
EXONERATE	LENIENCY	

Assorted Words 16

```
S  L  V  H  V  E  L  B  A  D  N  E  T  X  E
K  E  Y  L  I  R  O  S  L  U  P  M  O  C  H
K  R  G  Y  G  E  T  A  G  D  O  O  L  F  O
J  W  A  A  C  D  E  T  N  E  M  G  A  R  F
G  N  J  N  P  H  Y  L  T  H  G  I  T  V  Z
S  P  A  R  C  I  A  D  E  P  O  S  I  T  S
H  E  B  S  F  F  U  T  S  D  O  O  F  X  A
N  R  S  G  J  H  A  Q  T  Y  I  G  U  O  I
S  Z  E  I  U  H  O  M  E  I  F  N  B  S  L
I  T  A  N  T  I  S  L  A  V  E  R  Y  M  F
F  J  S  A  G  R  S  I  D  R  I  S  M  O  I
E  X  W  S  C  I  E  E  T  O  O  Z  T  K  S
C  F  V  A  P  R  S  V  R  L  V  I  X  E  H
P  E  N  K  N  I  F  E  D  C  O  E  D  R  E
L  X  E  M  W  M  M  Y  D  A  R  C  R  W  S
```

ADVERTISES	DIORAMA	PENKNIFE
ANTISLAVERY	EQUIPAGES	PSSTS
CHATTIEST	EXTENDABLE	SAILFISHES
COLTISH	FLOODGATE	SMOKER
COMPULSORILY	FOODSTUFFS	TIGHTLY
CRAPS	FRAGMENTED	
DEPOSITS	GUISE	
DESIGNER	HOLDOVER	

Assorted Words 17

```
B  S  I  X  A  I  R  A  T  E  N  A  L  P  G
N  A  X  V  W  A  W  J  L  R  Y  H  S  C  S
T  E  S  F  F  H  P  S  L  P  E  A  E  B  D
G  N  M  I  U  T  W  R  U  S  T  I  N  G  E
H  G  E  O  L  H  U  R  E  T  O  R  T  S  P
A  Q  E  M  W  I  R  E  B  I  R  E  B  J  U
N  K  E  R  T  E  C  M  L  O  R  D  S  K  T
D  S  F  T  M  C  L  A  U  N  N  A  I  B  Y
M  S  H  G  S  I  A  B  B  R  O  T  C  E  V
A  U  T  I  H  A  N  N  O  I  N  A  Z  G  K
I  P  M  V  L  Y  T  A  E  N  B  Y  A  E  B
D  Z  M  R  S  L  B  E  T  O  K  E  N  S  A
E  D  E  L  I  O  C  E  R  I  J  Y  L  N  Q
N  G  N  I  R  E  P  U  S  O  N  V  R  O  N
S  W  G  N  I  S  U  O  R  Q  F  G  M  L  P
```

AWFUL	GERMINATING	RUSTING
BASILICA	HAIRED	SHILL
BERIBERI	HANDMAIDENS	SUPERING
BETOKENS	NOBLEWOMEN	VECTOR
BIANNUAL	PLANETARIA	
DEPUTY	RECOILED	
ENACTMENT	RETORTS	
FORETASTE	ROUSING	

Assorted Words 18

```
T  G  P  S  P  E  T  A  L  U  P  I  N  A  M
I  B  M  I  B  G  S  I  N  G  L  E  T  O  N
P  S  A  F  H  O  R  R  E  T  R  E  A  D  G
P  P  A  L  R  S  R  O  E  L  Z  Z  A  D  T
E  M  R  S  L  J  R  H  U  B  Q  G  X  H  F
R  Y  U  C  Q  A  J  O  T  N  M  E  N  Q  O
B  Z  L  I  O  B  S  C  T  T  D  U  H  Q  J
Y  L  B  B  R  S  R  T  H  A  R  L  C  V  G
X  I  E  H  A  O  I  E  S  I  T  A  E  U  O
N  A  G  E  H  R  H  G  A  L  E  C  E  S  C
G  U  J  E  P  B  E  T  N  K  A  F  I  H  S
D  F  U  N  K  S  U  S  L  S  I  T  E  D  R
Y  L  T  N  I  A  U  Q  I  W  D  N  E  R  H
P  E  D  I  M  E  N  T  S  M  X  H  G  M  E
F  D  E  C  R  I  M  I  N  A  L  I  Z  E  G
```

ABSORBS	DECRIMINALIZE	PEDIMENTS
BALLASTS	DICTATORSHIP	QUAINTLY
BLEEPS	FUNKS	RETREAD
BREAKING	GROUNDLESS	SINGLETON
CHIEFER	HEARTTHROBS	THORIUM
COSIGN	MANIPULATE	TIPPER
CUCUMBERS	METALS	
DAZZLE	MISERABLY	

Assorted Words 19

```
N  W  O  W  M  A  J  E  S  T  I  C  G  P  P
I  K  W  B  D  S  G  N  I  N  O  K  C  E  R
C  E  G  A  T  E  E  R  F  J  L  F  G  R  T
A  D  T  E  J  A  T  H  B  S  R  U  V  C  T
R  B  R  A  V  O  I  U  S  H  G  R  O  E  P
P  X  R  M  V  V  F  N  P  U  S  N  Y  Y  D
E  Z  U  N  Q  I  E  Q  S  M  L  A  I  F  E
T  F  N  E  P  Y  T  H  O  N  I  C  A  R  S
B  I  I  S  M  B  E  P  V  I  R  E  O  S  C
A  S  T  T  S  E  C  N  A  R  G  A  R  F  E
G  H  E  I  D  J  S  P  K  C  J  D  K  R  N
G  B  S  E  D  I  R  B  R  I  M  F  U  L  D
E  O  Q  S  P  R  I  Z  E  F  I  G  H  T  S
R  W  S  U  O  E  N  A  T  N  A  T  S  N  I
S  L  A  C  I  L  E  G  N  A  V  E  Z  W  H
```

AMNESTIES	FISHBOWL	PRIZEFIGHTS
BRAVO	FRAGRANCES	PYTHON
BRIDES	FURNACE	RECKONINGS
BRIMFUL	IMPUTED	RINGS
CAPTIVATE	INSTANTANEOUS	UNITES
CARPETBAGGERS	LUSHES	VIREOS
DESCENDS	MAJESTIC	
EVANGELICALS	OBTAINS	

Assorted Words 20

```
B E N E F I T E D W E V V A N
G S D N E D I V I D H A E S O
C N R E Q P L A Y E R P B O U
N T I O T A M E R S R P M P T
N O S T T A B C D F L O U R C
J F I I A A I L S P A R W Y A
S Z R T P R L T A N K T D R S
H N D E A A E I I C A I P C T
M O I U C C C T H N K O P O I
D V R H D K I S I I I N M N N
M D I S P E L L E D N I E E G
Y K B I Y L D E P G P N X S B
N O I S I V O R P M H G A L S
L I T T E R S D K K O P O R E
S E L B A T C E L L O C L X M
```

ANNIHILATORS	DIVIDENDS	ITERATING
APPORTIONING	DOLPHINS	LITTERS
BEMOANS	DUDED	OUTCASTING
BENEFITED	ESCAPIST	PLAYER
BLACKNESS	FLOUR	PROVISION
COLLECTABLES	FRECKLE	TAMERS
COMPLICATION	HORSY	WRAPS
DISPELLED	INITIATED	

Assorted Words 21

```
T  T  D  R  E  T  T  I  F  T  U  O  L  A  N
P  N  F  I  Y  X  N  N  Y  S  H  M  R  E  H
O  P  E  C  S  R  E  O  S  I  L  C  O  E  A
L  O  R  M  E  C  A  C  R  E  H  L  Z  B  P
L  P  C  E  E  T  O  D  U  I  G  G  A  R  P
U  I  P  E  T  S  A  N  N  T  D  R  N  P  E
T  N  A  X  V  Y  I  V  T  A  I  I  O  U  N
I  J  N  B  U  W  P  T  A  E  U  V  R  F  S
O  A  T  W  B  A  R  E  R  R  N  Q  E  G  X
N  Y  H  C  U  L  O  T  T  E  G  T  X  Z  B
S  T  E  K  S  U  M  I  O  V  V  G  I  G  F
C  Z  R  C  O  N  T  E  S  T  E  D  A  N  J
M  L  U  F  E  C  A  E  P  P  Y  X  A  M  G
O  V  M  I  S  C  O  N  C  E  I  V  I  N  G
Y  Y  C  N  G  N  I  Z  I  R  E  C  R  E  M
```

ADVERTISEMENT	FORGES	PANTHER
AGGRAVATE	GRIDIRON	PEACEFUL
ANOREXIA	HAPPENS	POLLUTION
BARER	MERCERIZING	POPINJAY
CONTESTED	MISCONCEIVING	QUANDARY
CULOTTE	MUSKETS	RETYPE
DISCONTENTING	OUTFITTER	
EXECUTIVE	PALLS	

Assorted Words 22

```
N  G  G  S  J  D  E  H  C  E  E  S  E  B  B
F  A  R  N  E  D  E  R  A  D  W  Q  F  E  A
B  W  G  O  I  K  S  D  R  O  W  D  A  E  H
I  A  H  N  I  T  A  H  N  S  P  U  T  E  S
O  S  N  O  I  R  L  B  K  A  T  Q  I  P  L
T  M  A  K  M  C  E  A  M  I  H  I  V  F  Q
E  P  O  K  R  E  N  T  M  A  M  E  M  P  Y
C  A  P  P  R  O  V  I  N  G  L  Y  R  E  W
H  O  T  D  F  A  L  E  M  A  R  C  N  A  R
N  S  Q  Q  E  K  P  L  R  I  G  E  K  E  B
O  B  H  I  M  D  E  H  S  I  B  R  U  F  K
L  N  O  I  T  A  Z  I  T  E  N  G  A  M  I
O  X  X  D  K  O  O  K  I  N  E  S  S  D  A
G  J  T  S  L  A  R  R  A  P  A  H  C  C  G
Y  D  M  S  S  E  N  I  C  I  U  J  X  Q  J
```

ANTERIOR	DARED	PARKAS
APPROVINGLY	FURBISHED	REMITS
BANKROLLS	HEADWORDS	SETUP
BAREHANDED	JUICINESS	WHOMEVER
BESEECHED	KOOKINESS	
BIOTECHNOLOGY	MAGNETIZATION	
CHAPARRALS	MALTING	
CLAMBAKES	MINCING	

Assorted Words 23

```
D U L F Y B R I G H T I N G R
P U L S E D E G D O L O Q S E
W I E V Z D R S U A E J T M S
D S R L V I E E O N C A S U T
S E S E E W B I I T P B N D A
X N L F I C F W B H R O P G U
P F O I H D T X W I T O I E R
P E U O O G A O O L L R T N A
V Z P G S S N E R L Q A O X T
J A H P X N B I H S L M X W E
U S X H I K O U S K G K X X U
R H Y M E E B M S U Z V N K R
I D V Z U S R O O L F R A N C
E B A C K H A N D E D M S U T
S R H R E C T I L I N E A R Z
```

ALIBIED	FUSING	RECTILINEAR
ANTHILLS	GUNPOINT	RESTAURATEUR
BACKHANDED	HEADIER	RHYME
BESOT	JURIES	RIGHTING
ELECTORS	LODGED	SMUDGE
EXTORT	MONSOONS	SUBSOILED
FLOORS	PEPPIER	WORTHIER
FRANC	PULSED	

Assorted Words 24

```
F  L  U  C  T  U  A  T  I  O  N  P  V  G  P
S  S  P  C  O  W  I  N  E  F  F  A  B  L  E
T  N  M  G  U  M  O  S  C  I  L  L  A  T  E
A  V  O  I  N  C  P  O  D  D  I  P  Z  S  J
K  A  F  I  L  I  K  A  Z  A  A  I  Y  S  R
I  T  Y  P  T  E  T  O  C  Y  U  T  W  D  E
N  T  V  L  N  A  M  E  L  T  T  A  C  E  D
G  E  J  Q  E  C  N  C  V  D  R  T  D  Z  E
A  D  T  S  K  R  N  G  I  O  I  I  P  R  P
S  L  V  J  K  D  E  V  I  H  C  N  G  E  L
H  U  F  F  I  L  Y  M  M  S  T  G  G  R  O
O  J  A  C  K  K  N  I  V  E  S  E  W  O  Y
W  H  W  S  E  S  U  T  P  Y  L  A  C  U  E
E  W  E  N  O  H  P  O  M  A  R  G  N  T  D
D  N  O  I  T  C  I  L  E  R  E  D  F  E  D
```

ASSIGNATIONS	EUCALYPTUSES	PALPITATING
CATTLEMAN	FLUCTUATION	REDEPLOYED
CHIVED	GRAMOPHONE	REROUTE
COMPACT	HUFFILY	SHOWED
COVETING	INEFFABLE	SMILE
CUCKOLDING	JACKKNIVES	STAKING
DERELICTION	MERELY	VATTED
ETHIC	OSCILLATE	WOOZY

Puzzle #25

Assorted Words 25

```
S D N Y C Q S H O E M A K E R
Y L E S L J C O N J U G A T E
P D K S E B R S Q N B R W F U
H I E V E H I E R U D R N D M
O S B W S E C G G A A W B D P
N C L E A T H U I N E S L D I
E O P L L Y N C O L I Y H I R
D V O S O L A A P R L R D E E
W E P X V N H R M R G E R I D
P R E L I P M O C R E P T E M
Z I S S L W W U P R O E S N D
G N I T F I S S C W P F N A I
C G U W C A T A L P A S N E K
R U S T I C A L L Y M F Q I D
H S U B H U M A N M X W W Q U
```

BELLHOP	GROUCHES	SHOEMAKER
CAROUSAL	INFORMANTS	SIFTING
CATALPAS	INTELLIGIBLY	SUBHUMAN
CHEESED	MIDYEARS	SYPHONED
COMPILER	POPES	UMPIRED
CONJUGATE	PREENED	YAWED
DERRINGER	QUASHED	
DISCOVERING	RUSTICALLY	

Assorted Words 26

```
P A W Y L L A C I T I R C H N
D R P R R I M O U E C G L U C
W I E A P N C O J D E O Q M X
E P A H R T A K P Z R D R O E
Q T F L I E N O G M E Z Z R M
T H L Z I R N U O O M N S I P
W R S A K N E T B F O R K S A
B S L S I S G S S C N D M T T
D S A B E R T H E D I I Y S H
T E A M P N E N U Y A C I P I
X Y D O M X T T W L L J O E Z
X Z O A B A N R C B L Y X W E
B K G T L D G W U A Y I M I S
H A N D S O M E R C B M E N G
I V S D R O W E R O F G S G G
```

BACTERIAL	FOREWORDS	PARENTS
BERTHED	FORKS	PICAYUNE
CEREMONIALLY	GAMMAS	REHIRES
COOKOUTS	GOODY	SPEWING
CRITICALLY	HANDSOMER	
CURTNESS	HUMORIST	
DIALING	INTERNS	
EMPATHIZES	LADED	

Assorted Words 27

```
S  P  W  S  E  V  O  L  G  X  O  F  W  X  I
B  K  D  E  N  E  T  R  A  E  H  X  W  Q  Y
S  D  I  O  H  R  R  O  M  E  H  P  O  D  I
Y  L  S  S  E  L  T  L  U  A  F  B  I  N  B
V  B  O  H  S  R  E  T  I  R  W  Y  P  O  C
C  A  R  K  Y  D  J  E  L  O  H  N  A  M  S
B  T  G  O  D  W  A  R  F  E  D  H  O  I  L
N  T  A  C  O  R  D  O  N  E  D  S  V  L  P
E  L  N  D  W  R  J  S  N  O  O  R  A  M  L
G  E  I  X  A  D  U  L  A  N  G  A  S  A  L
A  M  Z  E  G  P  S  E  I  T  N  U  O  B  A
T  E  I  J  E  Z  T  S  E  I  Z  O  O  B  S
I  N  N  D  R  A  I  E  Z  R  U  F  A  A  V
V  T  G  M  S  G  N  I  D  N  E  T  R  P  W
E  S  T  S  E  I  G  N  I  L  C  S  R  T  H
```

ADAPTED	DISORGANIZING	LASAGNA
ADJUSTING	DOWAGERS	MANHOLE
BATTLEMENTS	DWARFED	MAROONS
BOOZIEST	FAULTLESSLY	NEGATIVE
BOUNTIES	FOXGLOVES	TENDING
CLINGIEST	FURZE	
COPYWRITERS	HEARTENED	
CORDONED	HEMORRHOIDS	

Assorted Words 28

```
T  C  R  S  P  R  E  M  A  T  U  R  E  E  J
H  H  O  M  E  O  P  A  T  H  I  C  U  O  O
R  O  B  M  I  S  O  G  Y  N  I  S  T  S  D
E  J  P  U  P  M  S  R  E  H  T  R  U  F  R
M  N  O  R  S  A  Y  A  B  J  B  W  X  C  I
I  O  H  M  E  B  S  A  X  H  H  X  S  V
N  S  G  S  F  V  O  S  N  W  F  Z  R  C  A
I  T  T  J  N  Q  E  Y  I  O  F  L  P  O  L
S  E  H  C  N  O  C  N  S  N  T  U  Q  L  I
C  N  T  O  S  H  O  B  T  S  G  T  L  D  N
E  S  S  A  E  Z  P  T  E  I  E  U  U  L  G
N  I  L  O  L  S  M  U  R  D  O  R  L  B  Y
C  B  Y  R  G  U  A  N  J  A  A  N  P  A  A
E  L  Y  V  Q  R  M  L  I  U  C  M  G  M  R
S  E  E  I  D  E  R  E  E  N  I  M  O  D  E
```

AWFULLY	DRUMS	PREVENTION
BANISTER	EMPRESS	REMINISCENCES
BUSBOYS	EMULATE	RIVALING
BUTTONS	FURTHERS	SCOLD
CARTOONS	HOMEOPATHIC	SINGULAR
COMPASSING	MISOGYNISTS	
CONCHES	OSTENSIBLE	
DOMINEERED	PREMATURE	

Assorted Words 29

```
G  S  H  O  O  T  E  R  S  G  P  A  P  N  J
S  N  G  Y  T  P  S  U  J  C  I  N  A  E  Q
E  M  I  N  L  S  Y  E  L  D  Q  E  Y  R  F
N  O  Q  Z  I  B  T  A  I  D  P  M  O  V  X
S  R  B  K  I  C  A  S  W  R  E  O  F  O  I
I  T  E  Y  R  D  R  T  Y  Y  R  M  F  U  N
B  I  L  G  E  S  I  E  U  H  B  E  S  S  T
L  F  I  X  V  F  Q  R  I  P  T  T  M  L  E
Y  I  E  J  K  D  C  I  B  P  E  E  N  Y  R
R  E  V  B  T  G  D  S  E  Y  J  R  M  R  N
H  D  I  J  F  W  O  K  C  Z  H  S  W  A  I
X  G  N  M  U  E  S  I  L  O  C  O  O  L  S
Q  W  G  V  O  S  S  N  A  K  I  N  G  Q  T
T  E  R  M  L  Y  L  G  N  I  D  N  I  L  B
L  D  E  T  A  R  E  B  I  L  E  D  S  B  L
```

AMETHYSTS	COOLS	PIERCING
ANEMOMETERS	DELIBERATED	REPUTABLY
ASTERISKING	HYBRIDIZING	SENSIBLY
BELIEVING	INTERNIST	SHOOTERS
BILGES	MERRIEST	SNAKING
BLINDINGLY	MORTIFIED	TERMLY
BYWAY	NERVOUSLY	
COLISEUM	PAYOFFS	

Assorted Words 30

```
F  Y  C  S  L  L  A  F  T  R  O  H  S  T  G
D  N  E  X  C  I  S  I  O  N  S  Z  C  Z  Q
R  E  T  T  I  S  S  D  U  S  T  I  E  R  Q
J  C  S  N  O  I  T  A  L  L  E  P  P  A  S
M  O  W  Y  G  P  W  J  G  H  S  C  I  P  T
E  Z  R  O  L  A  C  P  E  N  C  H  A  B  U
R  S  E  A  N  T  O  N  Y  M  I  T  O  R  B
C  E  C  F  X  P  P  J  E  F  L  P  U  R  B
I  G  X  D  I  N  N  E  R  I  N  G  P  H  E
L  A  T  E  E  R  T  S  D  G  T  I  H  E  D
E  H  P  O  R  T  S  O  P  A  A  H  J  J  P
S  E  D  S  E  I  T  I  V  I  T  S  E  F  A
S  T  G  N  I  D  A  N  I  R  A  M  K  R  H
D  F  T  S  T  H  G  I  E  W  Y  V  A  E  H
Y  J  F  T  I  M  P  U  D  E  N  T  L  Y  T
```

ADEPTLY	EXCISIONS	PEPPING
ANTONYM	FESTIVITIES	SHORE
APOSTROPHE	GASKET	SHORTFALLS
APPELLATIONS	HEAVYWEIGHTS	SITTER
BRACES	HUTCH	STREET
DINNERING	IMPUDENTLY	STUBBED
DUSTIER	MARINADING	
EITHER	MERCILESS	

Assorted Words 31

```
C  J  Z  B  S  E  Z  I  L  O  P  O  N  O  M
D  V  X  M  I  S  L  E  A  D  S  O  R  K  M
D  E  O  R  Y  R  O  T  A  R  O  L  P  X  E
F  E  I  F  O  R  T  U  N  E  B  N  L  Z  D
R  K  N  K  I  D  C  H  B  A  M  I  Q  K  Q
E  I  H  I  C  A  G  U  S  U  C  J  Z  I  X
T  J  A  T  E  I  V  N  R  T  V  H  B  C  H
S  F  L  D  H  K  T  L  I  T  O  I  O  K  I
S  M  E  A  C  F  S  S  U  K  A  N  M  E  S
Q  T  T  R  H  X  H  I  N  V  S  I  E  R  T
W  Y  O  K  E  Y  K  S  L  Y  D  I  N  S  O
I  E  F  L  W  B  T  H  C  A  Y  Q  R  S  G
A  N  P  Y  I  O  V  E  R  T  I  M  E  F  R
R  S  S  E  N  S  U  O  U  N  E  G  N  I  A
B  E  B  G  G  M  U  C  K  I  E  S  T  U  M
```

BEREFT	FRISKING	MUCKIEST
BIRTHSTONES	HISTOGRAM	NACHO
CHEWING	IDYLS	OVERTIME
CURTAINS	INGENUOUSNESS	SKEINED
DARKLY	INHALE	STICKIED
EXPLORATORY	KICKERS	VULVA
FORTUNE	MISLEADS	YACHT
FRETS	MONOPOLIZES	

Assorted Words 32

```
I  N  S  T  R  U  M  E  N  T  B  V  G  R  F
H  P  L  E  A  T  E  D  S  I  U  N  I  O  E
O  H  O  M  E  L  A  N  D  S  D  H  N  Q  L
F  B  M  W  S  O  S  R  S  W  G  A  C  H  L
S  N  O  I  T  I  D  E  X  O  E  R  I  A  O
E  P  R  L  H  S  R  E  V  K  T  M  N  N  W
K  S  S  B  E  N  E  F  I  C  E  O  E  D  S
I  S  A  F  T  S  V  T  H  S  D  N  R  P  H
S  K  D  E  I  G  V  U  U  H  R  I  A  I  I
Z  D  A  N  C  X  I  N  M  H  Q  Z  T  C  P
P  O  T  P  A  L  N  F  B  R  C  A  I  K  S
I  P  N  Y  L  B  G  A  U  A  P  T  N  E  E
R  U  J  M  L  P  M  I  G  U  X  I  G  D  L
Z  T  P  Z  Y  L  V  R  L  I  P  O  I  D  T
S  M  O  P  P  E  T  U  A  M  X  N  D  W  B
```

AESTHETICALLY	HANDPICKED	PLEATED
ARMBANDS	HARMONIZATION	REVVING
BENEFICE	HOMELANDS	UNFAIR
BUDGETED	HUMBUG	
CEASE	INCINERATING	
CHUTES	INSTRUMENT	
EDITIONS	LAPTOP	
FELLOWSHIPS	MOPPET	

Assorted Words 33

```
T  X  S  H  G  U  A  L  U  Q  P  L  B  F  F
S  C  O  N  T  E  N  D  I  N  G  F  A  I  A
O  V  H  T  O  S  R  I  A  T  S  P  U  G  C
B  D  E  F  F  I  O  C  A  T  F  E  A  U  I
E  U  M  L  S  H  T  S  Y  N  A  Y  S  R  L
N  Z  S  D  N  E  M  A  E  M  I  M  B  E  I
S  G  S  H  E  F  H  Y  M  L  B  T  E  D  T
T  B  N  E  W  G  F  T  L  R  F  A  E  R  A
X  K  Y  M  L  H  R  I  O  T  I  S  L  R  T
Q  F  S  E  L  G  A  E  T  L  N  F  A  S  E
F  A  U  N  A  S  N  C  V  N  C  E  F  M  D
I  P  M  P  Q  O  T  I  K  N  I  V  C  A  E
T  L  U  N  M  A  D  E  T  E  O  A  O  E  A
G  N  I  R  A  F  A  E  S  J  R  C  L  F  R
V  C  I  R  C  U  M  V  E  N  T  S  O  P  P
```

AFFIRMATIONS	CYMBALS	RETINA
AMENDS	EAGLES	SEAFARING
BUSHWHACKERS	FACILITATE	SELFSAME
CIRCUMVENTS	FAUNAS	TAMER
CLOTHES	FIGURED	TINGLES
COIFFED	LAUGHS	UNMADE
CONTENDING	PLAINTIFF	UPSTAIRS
CONVERGED	RECENTLY	

Assorted Words 34

```
A  S  T  M  I  R  A  C  U  L  O  U  S  L  Y
K  I  T  S  E  S  O  P  S  I  D  E  R  P  P
S  T  S  I  G  O  L  A  E  N  E  G  O  V  R
Y  M  A  G  E  N  T  L  E  D  H  T  G  B  I
S  K  P  S  M  U  I  N  I  H  P  L  E  D  V
G  N  I  L  I  O  T  N  G  S  F  R  X  U  A
D  F  B  B  P  L  O  R  E  T  L  A  F  T  T
D  E  K  C  U  L  X  D  R  S  E  B  A  X  I
O  V  M  A  C  H  Y  D  O  E  R  Q  S  D  O
E  U  M  M  I  C  O  L  L  O  C  A  T  E  N
X  K  N  S  U  L  U  M  U  C  H  U  O  L  T
R  O  V  E  R  B  S  E  T  A  L  S  A  C  X
P  P  W  P  A  L  T  R  I  E  S  T  M  S  X
G  N  I  Y  R  T  E  R  P  I  P  E  R  S  C
N  H  P  R  E  I  H  C  N  U  A  P  F  M  A
```

BUMMED	HOODOO	PRIVATION
COARSENING	LUCKED	RETRYING
COLLOCATE	MIRACULOUSLY	ROVER
CUMULUS	NEATH	SAUCER
DELPHINIUMS	PALTRIEST	SLATES
FALTER	PAUNCHIER	TOILING
GENEALOGISTS	PIPERS	
GENTLED	PREDISPOSES	

Assorted Words 35

```
E  N  C  K  T  S  I  L  E  G  N  A  V  E  R
S  L  I  A  T  N  O  T  T  O  C  C  I  W  G
S  N  O  C  P  M  R  I  K  A  F  P  F  N  J
D  Z  A  J  F  I  C  I  T  E  R  E  H  U  U
P  E  L  N  U  O  T  H  Q  L  J  J  P  D  R
N  C  L  L  C  Y  R  A  I  M  V  E  X  G  I
N  E  O  P  D  H  T  B  L  L  I  U  A  I  D
S  M  W  V  O  S  O  S  A  I  B  T  G  N  I
D  G  A  S  E  I  M  R  E  D  S  L  E  G  C
D  F  N  N  W  R  S  U  P  L  E  M  A  S  A
Y  A  C  O  T  O  L  O  R  E  K  M  D  I  L
F  H  E  A  B  O  R  E  N  D  O  C  D  U  N
C  R  W  H  O  Z  N  T  T  I  L  P  I  U  Z
H  E  A  D  E  R  J  Y  H  O  N  O  L  F  O
H  Y  E  S  M  B  O  N  M  Y  J  G  D  E  Z
```

ALLOWANCE	COVERLET	JURIDICAL
ANCHORPEOPLE	DOLDRUMS	MITES
ANTONYM	EVANGELIST	NEWSWORTHY
BEHEAD	FAKIR	NUDGING
BONGS	FICKLEST	POISONING
CAPITALISM	FORBADE	
CHILBLAIN	HEADER	
COTTONTAILS	HERETIC	

Assorted Words 36

```
F  D  H  R  F  M  S  N  O  I  T  I  T  E  P
M  E  S  S  E  N  D  E  T  N  E  T  N  O  C
R  N  V  R  U  G  Y  S  N  R  K  P  V  I  P
Q  O  E  E  D  P  I  C  R  O  P  R  L  A  O
Q  U  N  T  I  L  R  M  S  E  Y  U  U  F  P
Z  N  G  I  F  S  I  O  E  L  H  N  Q  M  P
P  C  E  N  F  A  T  Q  C  N  L  C  A  Z  I
O  E  A  A  I  H  L  H  U  G  T  O  T  M  N
M  M  N  L  C  L  W  E  G  E  L  W  R  U  G
A  E  C  N  U  G  I  E  V  I  U  A  E  N  B
D  N  E  T  L  W  X  V  F  E  L  R  N  M  U
E  T  C  S  T  O  W  S  A  W  L  D  I  L  F
S  O  V  S  Y  J  O  R  D  C  A  L  A  N  N
T  L  L  A  N  I  G  I  R  O  Q  Y  E  E  G
X  I  G  N  I  R  E  B  M  U  N  G  O  R  H
```

ANYONE	HEADLIGHTS	REGIMENT
BUTCHERS	LEVELLER	RETINAL
CAVILING	LIQUEURING	STOWS
CONTENTEDNESS	NUMBERING	UNROLL
CORPUS	ORIGINAL	VENGEANCE
COWARDLY	PETITIONS	
DENOUNCEMENT	POMADES	
DIFFICULTY	POPPING	

Assorted Words 37

```
M  U  L  T  I  L  I  N  G  U  A  L  T  R  Q
N  O  I  T  A  C  I  D  E  M  Q  C  R  A  F
D  Y  L  N  S  S  R  E  P  P  O  H  I  D  B
U  E  C  M  C  E  L  A  W  O  V  A  K  I  R
C  G  K  O  W  O  M  E  G  X  R  R  I  C  H
C  N  W  C  U  G  N  M  G  A  V  T  N  A  I
F  E  Q  K  U  N  N  G  U  D  I  E  G  L  R
R  O  H  M  M  D  C  I  R  L  U  R  W  I  R
Y  P  A  D  X  O  E  I  Y  U  G  C  A  S  E
I  H  R  M  E  W  D  L  L  A  O  E  F  M  L
N  Y  L  G  I  S  Q  E  C  O  R  U  N  E  E
G  T  L  C  Z  E  I  O  L  A  R  F  S  G  V
X  E  J  O  H  S  S  S  Z  L  R  S  E  S  A
R  A  L  L  E  T  S  T  T  F  E  I  C  D  N
A  D  G  G  O  A  L  I  E  S  O  D  M  D  T
```

AVOWAL	FOAMIEST	MEDICATION
CHARTER	FRYING	MIRACLE
COUNCILORS	GLUMMEST	MODELLED
CUDGELS	GOALIES	MULTILINGUAL
DEFRAYING	HOPPERS	NEOPHYTE
DESISTS	INCONGRUOUS	RADICALISM
DOWSES	IRRELEVANT	STELLAR
DUCKED	MARIA	TRIKING

Assorted Words 38

```
Q  G  N  I  T  A  R  E  P  S  A  X  E  H  F
D  W  Q  G  S  E  L  B  A  C  U  D  E  Y  A
C  Y  T  R  N  J  E  Y  F  E  A  T  C  P  I
E  D  D  T  F  I  H  W  S  P  G  V  B  O  T
C  L  E  S  F  E  G  Y  S  P  P  A  F  C  H
T  R  B  H  E  G  S  G  F  R  M  U  V  R  F
C  R  E  A  S  I  N  G  O  I  E  U  T  I  U
I  O  X  E  P  I  R  I  F  D  R  T  L  S  L
R  T  R  H  P  L  V  E  H  L  L  R  T  Y  S
R  N  D  N  V  I  A  A  T  C  V  L  O  I  T
T  P  H  J  L  Z  E  P  L  T  T  O  U  H  B
O  P  I  M  P  L  E  S  M  T  U  A  G  B  L
Y  K  A  E  B  S  O  R  G  I  R  B  H  E  Z
R  Q  D  W  E  X  P  A  T  I  A  T  I  N  G
C  O  M  M  I  S  E  R  A  T  I  O  N  L  Z
```

BITTERSWEET	EXPATIATING	LUMPS
BULLDOGGING	FAITHFULS	PIMPLES
BUTTERIES	GROSBEAK	
COMMISERATION	HATCHING	
CREASING	HORRIFY	
CREEPIES	HYPOCRISY	
EDUCABLES	IMPALPABLE	
EXASPERATING	LAVISHED	

Assorted Words 39

```
U  Q  G  N  I  Z  I  S  E  H  T  O  P  Y  H
A  H  H  E  A  R  T  B  U  R  N  T  R  H  I
S  Z  G  J  I  S  M  E  D  I  C  I  N  E  P
R  L  I  N  S  D  R  A  I  L  L  I  B  A  U
J  J  A  M  I  C  A  B  L  E  A  O  D  D  S
D  A  U  U  U  L  A  V  E  A  P  T  N  L  B
R  I  D  D  T  T  W  Y  A  L  P  E  R  O  F
U  L  S  E  O  C  H  A  R  J  E  F  T  C  S
G  H  A  R  D  S  E  S  R  E  D  Y  G  K  T
S  Y  E  C  U  U  A  F  F  C  I  K  O  S  I
T  B  N  C  I  P  L  G  F  I  B  K  J  D  L
O  T  G  V  K  R  T  C  E  E  Z  P  C  Y  E
R  C  M  U  G  L  T  I  N  S  E  Z  D  I  D
E  T  O  R  Q  U  E  E  N  O  Q  M  E  L  P
S  R  E  K  R  A  M  R  M  G  C  S  X  D  X
```

AMICABLE	DRUGSTORES	MARKERS
AZIMUTHS	EFFECTUAL	MEDICINE
BILLIARDS	FIZZED	METRICAL
CLAPPED	FOREPLAY	PICKIER
CONCLUDED	HEADLOCKS	STILED
CRAWLING	HEARTBURN	TORQUE
DISRUPTING	HECKLER	
DOSAGES	HYPOTHESIZING	

Assorted Words 40

```
J  Q  H  S  E  N  S  I  T  I  V  E  L  Y  V
R  H  E  A  D  H  U  N  T  E  R  H  Z  G  L
V  W  Y  T  I  L  I  B  A  C  I  L  P  P  A
E  L  G  R  U  G  D  Z  R  E  L  B  B  O  C
E  N  S  W  I  G  S  N  W  U  B  D  A  V  O
W  Q  E  S  I  N  W  E  U  S  E  Z  E  E  M
P  U  S  V  R  M  B  T  G  O  T  X  B  R  P
R  I  H  Q  A  E  P  R  B  N  R  U  L  C  L
O  V  R  Q  M  R  L  R  A  H  A  G  O  H  E
H  E  I  X  U  G  T  B  O  S  Y  H  B  A  M
I  R  K  S  L  E  N  N  B  P  S  G  C  R  E
B  D  E  Y  L  E  P  Q  O  I  E  E  J  G  N
I  Z  S  E  I  P  C  H  R  C  R  R  S  E  T
T  E  S  Z  O  T  R  U  E  S  T  C  T  D  E
S  M  O  U  N  T  A  I  N  T  O  P  S  Y  D
```

APPLICABILITY	GROUND	PROPERTY
BEANS	GURGLE	QUIVER
BETRAYS	HEADHUNTER	SCRIBBLERS
BRASSES	MERGE	SENSITIVELY
CHANGES	MOUNTAINTOP	SHRIKES
COBBLER	MULLION	SWIGS
COMPLEMENTED	OVERCHARGED	TRUEST
CONTRAVENE	PROHIBITS	

Assorted Words 41

```
M  D  E  Z  E  R  S  S  E  N  E  P  I  R  H
C  Y  E  D  J  C  O  T  E  N  S  E  L  Y  A
C  A  N  S  I  O  N  T  G  N  I  H  S  U  R
F  O  U  O  S  M  U  E  A  C  Q  Z  H  R  N
L  A  N  T  I  A  I  R  C  R  A  F  T  M  E
A  M  G  N  E  T  P  N  N  S  E  K  U  I  S
G  O  E  L  E  R  A  Y  U  A  E  D  O  Z  S
E  T  G  J  O  C  I  C  B  E  L  L  O  K  E
L  O  G  S  L  W  T  Z  I  E  N  E  A  M  D
L  R  S  E  C  H  C  I  E  T  S  D  S  O  R
A  E  H  D  Z  S  R  T  O  E  S  T  O  E  C
T  D  E  I  K  S  U  O  J  N  Y  E  H  S  Q
I  U  L  S  O  N  A  R  P  O  S  W  M  R  T
O  Y  L  E  T  A  C  I  L  E  D  N  I  O  M
N  R  S  I  N  T  E  N  S  I  T  I  E  S  D
```

AGLOW	EGGSHELLS	RIPENESS
ANTIAIRCRAFT	FLAGELLATION	RUSHING
BYPASSED	HARNESSED	SKIED
CAUTERIZE	INDELICATELY	SOPRANOS
COALESCENCE	INTENSITIES	TENSELY
CONNECTIONS	JOURNALESE	
DIMINUENDOS	MODERATOR	
DOMESTICATION	MOTORED	

Assorted Words 42

```
F  Z  I  N  Q  U  I  S  I  T  I  V  E  L  Y
G  N  I  L  A  E  P  E  R  F  K  A  E  W  Y
G  N  R  O  E  R  M  T  V  E  U  Q  L  O  O
N  H  O  S  L  E  E  R  J  R  C  X  I  R  C
S  O  D  I  S  A  P  P  E  A  R  I  N  G  C
E  D  I  E  T  M  N  E  I  L  E  H  E  A  A
S  L  R  T  F  E  O  I  C  L  O  U  R  N  S
Q  G  I  A  A  F  R  U  M  Q  L  M  X  I  I
U  B  N  N  U  L  O  C  N  E  E  A  Y  C  O
E  T  G  I  I  G  L  D  S  T  S  N  C  A  N
A  R  D  H  R  M  E  A  Z  I  A  O  L  L  I
S  Y  Z  M  I  R  E  F  T  J  D  I  C  L  N
I  A  Z  S  E  O  I  N  I  S  V  D  N  Y  G
L  G  V  N  X  Z  Z  T  T  L  N  S  R  S  F
Y  R  E  L  W  O  R  P  S  S  X  I  I  N  W
```

CALLIPER	LIFEGUARDS	REPEALING
DISAPPEARING	LINER	SEMINAL
DISCRETION	LINIMENTS	STIRRINGS
DOFFED	MOUNTAINS	
FERAL	OCCASIONING	
HUMANOIDS	ORGANICALLY	
INQUISITIVELY	PROWLER	
INSTALLATION	QUEASILY	

Assorted Words 43

```
H  Q  C  Y  L  G  N  I  R  E  G  N  I  L  P
J  V  W  Z  A  T  A  C  K  I  E  S  T  M  E
X  G  S  C  P  L  R  R  V  S  Q  W  N  A  D
N  E  A  T  E  R  M  O  O  L  A  P  P  V  I
G  U  I  L  L  O  T  I  N  E  S  U  A  E  A
H  O  L  D  O  U  T  S  G  L  R  R  L  R  T
B  S  F  O  Y  S  J  S  J  H  X  V  I  I  R
D  P  V  Y  O  Y  T  A  X  F  T  E  S  C  I
R  D  E  L  L  E  N  N  U  F  L  Y  A  K  C
I  E  U  Z  M  A  K  T  A  T  F  I  D  I  J
B  L  T  T  E  R  G  S  X  R  D  N  E  N  U
B  J  S  T  U  B  B  O  R  N  G  G  S  G  N
L  L  A  C  I  T  C  A  R  P  S  I  C  L  K
E  E  Z  D  S  L  L  U  G  E  R  U  M  M  I
U  V  T  P  V  A  G  U  E  R  Q  W  O  E  E
```

ALMIGHTY	HOLDOUT	PRACTICAL
CROISSANTS	IMMURE	PURVEYING
DRIBBLE	JUNKIE	STUBBORN
EMIGRANTS	LINGERINGLY	TACKIEST
FUNNELLED	MAVERICKING	VAGUER
GLITTER	NEATER	
GUILLOTINES	PALISADES	
GULLS	PEDIATRIC	

Assorted Words 44

```
X D Z G S D R E H S T O P G O
F N R Y N R S W A T H E D M U
D B V E L I E G S P N J I U T
L E L E I L Y D N E F I R F S
B A T A V N A F L I B X W F T
P A N C U I O I I E W U S L R
R L T I A T T O U T I O T E E
E S I H D Y C C L Q R F H R T
V L S L I U A E A Y O E T S C
E I I I A N T L L O S L C U H
N C N X E C G I P L I N L F O
T K U D L I V G G R E D D O F
E L O S W A M P I N G T A Z C
D Y U W E B B I N G O F N R S
S E S E H T N E R A P L G I G
```

BATHING	MUFFLERS	SHOWINGS
CERTIFYING	OUTFIELDERS	SINUOUS
COLLOQUIALLY	OUTSTRETCH	SLICKLY
FODDER	PARENTHESES	SWAMPING
INTELLECTUAL	PLAYACTED	SWATHED
LILAC	POTSHERDS	TUBES
LONGITUDINAL	PREVENTED	WEBBING
LOONIER	RADIOACTIVE	

Assorted Words 45

```
E  G  F  A  B  C  M  U  E  S  R  I  D  A  N
Y  D  N  S  D  O  H  O  V  M  C  L  T  F  U
E  T  F  S  C  D  O  O  W  C  B  X  J  L  G
S  X  I  F  E  U  E  K  P  P  U  R  I  A  T
S  E  A  L  I  I  B  K  S  S  T  W  O  Y  O
R  C  V  M  I  R  T  A  C  H  T  H  A  I  E
R  E  M  I  P  B  D  I  S  I  E  I  A  N  L
S  N  I  V  T  L  A  I  X  L  R  L  C  G  U
Y  E  Y  K  A  C  I  P  M  E  F  C  V  K  K
Z  U  T  X  L  J  N  N  A  T  L  W  T  E  S
F  T  B  A  M  U  U  U  G  C  Y  P  X  G  S
O  F  R  C  T  L  S  R  J  L  N  Y  M  V  H
C  L  U  M  P  I  N  G  O  N  K  I  L  O  P
L  G  C  P  G  R  G  V  J  R  O  Q  Q  U  C
F  I  B  E  R  B  O  A  R  D  S  C  M  L  R
```

AGITATES	EMBROIL	SCUBAS
BOOKSHELVES	EXAMPLING	SULKIER
BUTTERFLY	FIBERBOARD	
CHOPSTICKS	FLAYING	
CLUMPING	INCAPABILITY	
COMPLEXITIES	JURORS	
CONJUNCTIVES	MIDRIFF	
CRICKED	NADIRS	

Assorted Words 46

```
Q  M  D  F  G  E  G  G  N  I  M  U  S  E  R
C  T  A  E  L  A  R  H  C  L  U  P  E  S  Q
O  G  N  I  T  N  E  U  Q  E  R  F  S  I  A
N  O  J  I  D  E  X  P  I  R  E  S  T  F  A
F  Y  N  G  G  E  S  R  K  H  T  K  E  O  O
I  Q  N  O  D  S  N  R  E  U  L  W  L  O  S
D  U  Y  A  I  E  D  H  O  T  K  U  L  T  T
E  E  S  L  A  N  I  R  E  C  T  H  A  B  A
H  E  L  S  T  N  I  S  A  A  R  O  R  A  T
W  R  I  L  E  N  O  P  A  O  D  A  T  L  U
F  E  Y  T  E  S  A  M  O  T  B  S  P  L  T
P  D  A  S  O  C  S  I  A  Y  N  K  K  E  E
T  O  E  I  N  G  N  O  D  L  D  A  C  R  S
S  E  I  L  P  O  N  A  P  A  Y  T  H  U  H
N  O  O  R  E  P  L  A  C  E  R  W  W  P  B
```

ANOMALY	FREQUENTING	REPLACE
BUCKBOARDS	MAIDENHEADS	RESUMING
CANCELLED	OPINION	SEPULCHRAL
CONFIDE	PANOPLIES	STATUTES
CORSETED	PHANTASIED	STELLAR
CRAPES	POSSESS	TOEING
EXPIRES	QUEERED	TOTTER
FOOTBALLER	RADIANTLY	

Assorted Words 47

```
M  U  T  U  G  E  A  S  T  H  G  I  R  V  P
I  S  K  K  Y  N  C  L  E  I  U  W  R  H  A
S  S  R  P  M  S  I  A  U  C  L  V  M  A  R
L  E  A  E  X  O  T  T  E  B  N  V  B  U  L
A  N  S  I  K  O  N  E  T  P  I  A  Y  O  E
I  S  W  S  D  O  T  I  R  E  J  F  R  T  Y
D  O  F  J  E  S  O  Q  E  R  B  R  K  P  I
W  U  M  G  C  F  N  C  A  S  U  A  L  Z  N
A  G  F  D  A  T  N  P  H  I  R  T  G  L  G
F  H  R  A  L  A  C  O  C  K  N  E  Y  S  K
F  T  E  N  F  R  A  N  C  H  I  S  E  D  I
L  S  E  I  T  I  N  I  F  N  I  Q  J  H  Y
E  M  Z  C  D  E  G  G  I  W  I  R  E  P  C
S  G  E  N  U  F  L  E  C  T  I  O  N  S  B
M  B  R  O  V  E  R  E  X  P  O  S  E  D  S
```

ABETTING	FIBULA	PEACE
CASUAL	FREEZER	PERIWIGGED
CHEERS	GENUFLECTIONS	PRANCES
COCKNEYS	INFINITIES	RIGHTS
CONFESSES	MISLAID	SOUGHT
COOKERS	MONIES	TURRETS
DECAL	OVEREXPOSED	WAFFLES
ENFRANCHISED	PARLEYING	

Assorted Words 48

```
S E T A C A L P R Y Q K S K S
G S P O K E N I N E P I N S T
P Y L I R A W S D X G D X I O
I A L T E R E D N P X A C V M
N C M F D E T H R O N I N G A
F A N I M U S M E S W N S R C
E D C E M J S U V E J T P U H
A E Q A Q N W Z O D K Y E F A
T M S R E D N U O L F N E F F
H I N N R E V O G N U H D E F
E C S E D A R G N W O D I S R
R A T E T S F R A E D N E T A
S L Y A V U S U B D U E S R Y
X M R A H P L A C E S X T P C
B F N H O R I G A M I R P E Q
```

ACADEMICAL	ENDEAR	ORIGAMI
AFFRAY	EXPOSED	PINFEATHERS
ALTERED	FLOUNDERS	PLACATES
ANIMUS	GLUTEN	PLACES
CREDULOUS	GRUFFEST	SPEEDIEST
DAINTY	HATCH	SPOKEN
DETHRONING	HUNGOVER	STOMACH
DOWNGRADES	NINEPINS	SUBDUES

Assorted Words 49

```
J  F  A  R  D  E  F  L  E  C  T  I  O  N  S
S  S  I  E  A  R  T  H  S  H  A  K  I  N  G
Q  D  N  L  I  F  L  S  H  T  G  N  E  L  I
B  Q  R  O  I  N  C  W  T  W  K  I  G  U  N
P  A  R  A  I  N  E  H  O  A  X  I  N  G  S
F  X  B  W  O  T  A  X  O  Q  R  K  H  I  T
O  R  E  A  P  B  I  P  O  N  W  B  E  J  A
Y  P  E  X  R  S  K  D  M  R  O  Z  L  Y  L
U  L  E  T  C  O  A  C  E  A  A  R  V  G  L
S  E  N  D  U  I  N  G  A  P  C  B  S  C  A
P  S  Y  E  I  S  O  E  O  L  X  S  L  H  T
V  B  R  R  V  M  X  T  S  T  B  E  O  Y  I
Z  X  I  L  B  E  T  Z  S  S  J  I  B  A  O
C  O  M  P  U  T  E  R  I  Z  E  D  P  A  N
Y  K  W  W  C  H  E  R  O  O  T  S  S  R  L
```

BARONESSES	ENDUING	STOIC
BLACKBOARDS	EVENLY	TOGAS
BRATS	EXPEDITIONS	
CAMPANILI	HOAXING	
CHEROOTS	HONORS	
COMPUTERIZED	INEXORABLY	
DEFLECTIONS	INSTALLATION	
EARTHSHAKING	LENGTHS	

Assorted Words 50

```
N  O  R  H  E  L  B  A  M  I  T  S  E  N  I
M  O  H  K  S  H  R  I  V  E  L  S  B  N  K
U  I  L  G  N  I  Z  I  T  R  O  M  A  I  H
S  Z  S  Y  A  Y  M  P  D  E  M  I  S  E  D
I  Z  E  E  N  W  H  A  C  K  I  E  S  T  T
C  C  T  J  S  E  I  L  F  E  S  U  O  H  V
I  N  O  I  T  C  N  U  J  N  I  S  O  C  G
A  C  E  N  F  C  G  N  I  R  E  K  N  A  H
N  N  S  E  G  C  A  D  D  I  E  S  I  Y  F
S  E  Y  V  O  E  U  X  A  O  J  T  S  W  T
H  U  J  E  I  R  S  T  G  I  J  C  T  F  X
A  E  Q  Q  T  R  F  T  N  W  Q  X  K  A  R
J  U  R  G  E  S  E  B  I  R  C  S  N  I  B
A  J  N  B  R  J  F  C  S  N  R  E  T  S  G
Z  W  A  B  S  P  A  C  K  A  G  I  N  G  E
```

AMORTIZING	HANKERING	PACKAGING
BASSOONIST	HERBS	SHRIVELS
BATTER	HOUSEFLIES	STERNS
CADDIES	INESTIMABLE	WHACKIEST
CONGESTING	INJUNCTION	
DEMISED	INSCRIBES	
FAMISH	MUSICIANS	
GOITERS	NYLON	

Puzzle #51

Assorted Words 51

```
A  Z  E  E  D  E  T  S  A  B  M  A  L  W  G
Y  I  S  V  B  E  F  A  M  I  S  H  E  S  E
O  U  G  T  A  A  L  D  E  R  W  O  M  A  N
I  X  S  A  E  D  B  G  I  D  S  P  P  V  E
O  U  C  S  S  N  E  E  N  S  V  V  W  A  R
C  W  R  H  X  L  G  D  L  I  K  P  H  R  I
C  S  E  O  C  C  I  Y  S  S  P  I  O  M  C
I  C  E  W  U  L  N  G  C  E  J  M  L  I  A
D  H  C  I  G  O  S  A  H  A  U  W  E  N  L
E  U  H  N  D  V  K  G  U  T  R  G  S  T  L
N  S  Y  G  H  E  O  V  E  R  S  E  A  S  Y
T  S  L  S  D  R  A  Y  N  R  A  B  X  L  B
A  I  D  I  S  C  L  A  I  M  I  N  G  F  P
L  N  H  U  C  K  L  E  B  E  R  R  I  E  S
U  G  D  W  O  H  G  L  A  M  O  R  O  U  S
```

ALDERWOMAN	EVADED	OVERSEAS
BABELS	FAMISHES	PLAGUES
BARNYARDS	GASLIGHTS	SCHUSSING
BEGINS	GENERICALLY	SCREECHY
BIRDS	GLAMOROUS	SHOWINGS
CLOVER	HUCKLEBERRIES	TEMPING
CYGNETS	LAMBASTED	VARMINTS
DISCLAIMING	OCCIDENTAL	WHOLE

Assorted Words 52

```
C  F  N  M  E  V  I  T  A  I  L  L  A  P  F
R  E  K  O  R  B  D  N  S  D  N  U  O  S  F
K  L  P  S  I  H  P  S  T  H  E  O  R  E  M
O  L  O  X  N  T  A  O  Y  R  E  E  L  H  U
I  S  S  S  Q  O  A  Y  S  V  I  N  S  A  L
R  N  S  G  M  A  I  I  A  I  Y  G  J  T  L
E  E  C  E  N  U  G  T  C  W  T  E  U  T  A
C  P  S  R  L  I  M  N  A  E  T  R  U  E  H
T  Y  N  U  E  M  L  I  I  I  R  L  O  R  S
I  T  C  P  P  D  R  L  T  S  L  P  E  N  B
T  H  Q  O  K  P  U  A  I  P  O  I  P  B  S
U  O  X  X  P  P  L  L  H  V  O  P  M  A  A
D  N  S  A  C  C  U  Y  O  Y  A  V  S  U  J
E  S  B  D  X  D  E  B  M  U  R  C  Q  I  H
P  E  A  C  E  M  A  K  E  R  S  E  J  T  D
```

APPRECIATION	HATTER	PEACEMAKERS
BELTWAY	HUMILIATIONS	POSITRONS
BROKER	INCREDULOUS	PYTHONS
CAVILLING	INTRIGUES	RECTITUDE
CRUMBED	LEERY	RESUPPLY
DISPOSING	MULLAHS	SOUNDS
FELLS	OPTIMUMS	THEOREM
HARMLESS	PALLIATIVE	YUCCAS

Assorted Words 53

```
E H I P P E S T G H D L W R H
S G R S Z B O M D U A F J A O
D T T E T I R M A A B M P M B
D E N N L A E O D R E X D I N
R E T E E T O V A E G L E F O
E N T E M R S B I D N A B I B
V E C A L N E U R S C O I E A
I G V H L R G F H E O A T D P
T S O I O I A I F Y W L S E F
A I H G T K T C A I E O P T D
L P L X A C E U S R D C P X S
I P S B N M I S M M R U A L E
Z I S A Z N E D E R C A I P U
E N Y L X Z L D D R U M P U S
S G I X R E L A X A T I O N S
```

ADDICTIVE	DIAGRAMS	RAMIFIED
ARRAIGNMENTS	DIFFERENT	RELAXATIONS
BROADCASTS	EXPLOSIVE	REVITALIZES
CHOKES	HIPPEST	RUMPUS
CREDENZAS	HOBNOB	SCARLETED
DEBITS	HUSTLER	SIPPING
DEMAGOG	MUTILATED	SPACEY
DENOTED	POWERBOATS	

Assorted Words 54

```
S  E  U  G  O  G  A  M  E  D  O  A  X  W  K
S  R  N  Y  C  A  L  L  O  U  S  N  E  S  S
L  N  E  D  G  E  R  E  F  U  S  E  D  V  C
B  U  O  F  E  O  L  E  L  B  U  O  R  T  H
S  B  U  T  F  L  L  B  F  S  K  M  D  W  A
O  Y  S  S  U  U  L  O  A  E  E  S  F  G  R
F  S  C  P  T  F  L  E  I  T  N  N  D  A  T
U  Z  J  Z  Z  N  J  B  R  M  I  E  I  C  R
C  O  M  P  O  N  E  N  T  A  E  B  M  P  E
M  L  I  G  I  V  B  M  A  O  P  D  A  A  U
O  R  G  L  O  O  M  I  N  G  M  P  I  H  S
G  N  I  W  E  R  C  S  K  R  O  C  A  P  E
S  G  N  I  Z  I  T  A  R  C  O  M  E  D  E
W  G  N  I  Z  O  D  L  L  U  B  D  Z  R  E
R  G  Z  U  Q  O  I  N  S  E  N  S  A  T  E
```

ADORNMENTS	DEMAGOGUES	PINES
APPARELLED	DEMOCRATIZING	REFUSED
BLUFFERS	ENEMAS	TROUBLE
BULLDOZING	EPIDEMIOLOGY	VIGIL
CALLOUSNESS	FUTONS	
CHARTREUSE	HABITABLE	
COMPONENT	INSENSATE	
CORKSCREWING	LOOMING	

Assorted Words 55

```
N R O X I P A R A B L I N G S
C O U C I M B A L A N C E S C
I O O O W G H E U G N A R A H
R U M M I L N T L P E Z H Q O
C I U P P N A I S A R X I R O
L A R O L G T U S I M E D E L
E B D S M I A I X S H R U B C
T J T I E M A U M E A W O Z H
U F B T S L A N N A S R B N I
R U U E P P B C T T C O A S L
M A T S V J R B I F K I M H D
O C U V S V Y O A N T L E O Y
I Z O D Q E B N O R I H O S H
L E B P O I S E D F C M U B S
S S E B I R B X M Z H S Y W N
```

BRIBES	HARASSING	POISED
CIRCLET	HOMOSEXUAL	SCHOOLCHILD
COMPLIANT	IMBALANCE	SCRABBLES
COMPOSITES	INTIMACIES	TURMOILS
DISPROOF	ISTHMI	
FUSSES	MINICAM	
GAUNT	NORMAL	
HARANGUE	PARABLING	

Assorted Words 56

```
T  D  E  T  A  I  R  P  O  R  P  X  E  S  I
Y  S  Q  D  N  S  A  E  L  U  B  O  L  G  Y
O  G  O  Y  R  E  R  K  O  U  T  R  U  N  S
C  O  M  P  L  I  M  E  N  T  K  Q  D  M  I
I  F  E  N  Y  Q  I  R  T  D  W  T  E  C  N
N  G  Z  Y  J  T  D  D  A  S  T  V  V  W  S
U  N  K  H  L  S  U  T  S  E  I  T  T  E  P
N  M  G  T  F  N  D  C  E  I  D  N  T  A  E
D  G  E  N  T  L  E  N  E  S  S  N  A  M  C
A  J  J  D  I  K  S  K  Q  V  S  E  E  B  T
T  Y  V  Q  F  Y  W  O  N  U  U  T  P  U  I
I  Y  E  U  B  G  F  J  K  U  U  Q  Y  S  O
N  E  X  P  A  N  S  E  S  S  R  I  A  H  N
G  T  E  M  P  U  R  A  D  A  N  D  L  E  S
R  N  H  X  E  M  B  L  A  Z  O  N  E  D  G
```

AMBUSHED	ENDEARMENT	PETTIEST
BANISTERS	EXPANSES	TEMPURA
COMPLIMENT	EXPROPRIATED	TYPOS
DANDLES	GENTLENESS	
DEFYING	GLOBULE	
DRUNKENLY	INSPECTIONS	
DUDES	INUNDATING	
EMBLAZONED	OUTRUNS	

Assorted Words 57

```
L  C  Z  W  B  H  I  Y  A  I  F  G  R  S  G
K  X  E  M  A  X  O  F  L  O  O  Z  Y  T  V
S  L  H  N  U  S  T  N  U  A  G  Q  R  R  F
N  M  U  B  T  X  E  F  K  M  I  Z  Q  A  M
I  A  Q  G  N  I  Y  R  C  S  E  C  S  P  E
P  N  E  P  I  A  P  S  O  S  S  M  W  L  S
P  I  Z  S  E  Y  G  E  U  F  F  I  E  E  P
E  C  B  A  R  T  E  N  D  E  R  S  E  S  A
D  U  P  S  C  S  N  A  I  E  K  R  T  S  D
V  R  O  S  Z  I  K  R  S  K  S  U  E  E  I
U  I  M  E  E  D  N  R  C  T  A  L  N  S  N
X  S  M  S  U  K  W  A  I  M  S  E  S  I  G
S  T  E  P  L  A  S  T  E  R  S  D  R  V  P
Z  S  L  L  Y  S  D  E  H  C  T  E  R  F  B
R  A  S  L  U  P  O  C  A  S  O  L  E  M  N
```

BARTENDER	HONKS	RETCHED
CENTIPEDES	MANICURISTS	SASSES
CRYING	MISRULED	SNIPPED
FLOOZY	NARRATE	SOLEMN
FOGIES	OCEANIC	SPADING
FORESAW	PLASTERS	STRAPLESSES
FREAKING	POMMELS	SWEETENS
GAUNT	PULSAR	YEASTS

Assorted Words 58

```
A  F  V  U  M  S  W  A  D  D  L  I  N  G  H
I  P  Q  E  R  D  P  R  E  V  U  E  N  A  M
S  L  N  N  I  H  P  R  M  E  T  A  L  S  J
A  A  R  C  L  A  S  P  I  N  G  E  M  K  A
G  T  I  O  N  T  G  H  J  N  E  I  A  V  Q
L  T  G  R  T  I  D  Y  O  C  T  Z  P  Y  K
I  E  I  E  D  C  P  V  H  R  W  O  A  S  W
M  R  D  D  V  I  A  P  N  L  D  W  F  R  T
P  S  N  O  I  S  U  F  S  N  A  R  T  Q  B
S  U  O  I  C  A  L  L  A  F  C  E  X  N  Y
E  R  E  H  W  N  Y  T  I  T  N  A  U  Q  B
S  O  T  D  V  K  I  T  C  H  E  N  I  N  G
V  L  L  I  R  R  E  V  E  R  S  I  B  L  E
P  H  O  N  O  L  O  G  I  S  T  S  C  Z  F
S  L  I  S  N  O  T  A  R  G  O  T  S  S  G
```

ARGOTS	IRREVERSIBLE	SPRINT
BRAZEN	KITCHENING	SWADDLING
CLASPING	MANEUVER	TONSILS
DEMIJOHNS	METALS	TRANSFUSIONS
ENCORED	PHONOLOGISTS	WHERE
FACTOR	PLATTERS	
FALLACIOUS	QUANTITY	
GLIMPSES	RIGID	

Assorted Words 59

```
P  C  I  T  C  A  L  S  P  A  R  R  O  W  S
R  Q  O  S  M  T  R  I  G  M  A  R  O  L  E
U  G  I  N  O  E  S  E  X  N  I  J  X  E  D
S  E  I  A  F  L  T  E  G  V  U  M  B  X  W
O  E  M  A  B  U  A  U  I  A  J  O  U  I  O
P  E  T  A  C  C  S  F  P  T  R  I  V  C  R
R  L  Q  U  S  B  A  I  F  M  H  A  R  O  K
E  K  I  U  B  C  U  B  O  U  O  G  G  N  I
F  S  N  N  A  I  U  R  B  N  B  C  U  S  N
I  S  R  U  E  L  R  L  R  I  S  I  W  A  G
N  P  E  O  C  S  S  T  A  I  E  X  E  D  H
A  Z  T  T  J  K  M  T  S  T  N  C  L  K  Y
N  V  M  O  A  A  L  A  I  I  E  G  D  L  S
C  J  L  W  E  L  M  E  N  M  D  S  E  P  E
E  J  S  H  L  C  S  R  S  D  O  T  R  R  P
```

BUFFALOS	GARAGE	OMITS
BURRING	HAUGHTIEST	REFINANCE
CABBIE	JINXES	RIGMAROLE
COMPUTE	KNUCKLES	SLATES
CONFUSIONS	LACTIC	SPARROWS
DISTRIBUTES	LEXICONS	WELDER
EMASCULATES	LINESMAN	WORKING
EQUALS	MAJORS	

Assorted Words 60

```
V  D  S  T  A  R  T  E  D  H  Z  N  T  E  M
Q  P  E  V  S  G  G  T  G  O  V  W  Q  J  P
G  B  A  L  D  E  N  O  T  I  N  G  X  B  H
R  N  A  Y  E  E  I  I  L  I  Q  K  H  L  I
U  K  I  V  L  C  T  L  D  L  S  J  E  V  L
B  F  E  H  H  O  R  N  E  N  B  M  R  Y  O
E  R  N  W  T  S  A  A  U  M  A  Y  T  S  D
L  D  O  C  T  Z  O  D  P  O  O  M  Z  C  E
L  G  R  A  P  H  I  T  E  A  C  C  E  A  N
A  T  U  H  D  G  N  I  N  A  S  C  S  R  D
T  G  I  O  C  E  D  U  T  I  T  T  A  L  R
C  M  N  O  A  W  S  K  Z  N  K  S  C  E  O
H  G  E  T  K  X  W  T  G  U  Y  C  A  T  N
A  X  D  S  R  Y  S  Y  S  R  K  I  A  K  S
P  R  O  F  A  N  I  N  G  E  S  X  L  M  P
```

ACCOUNTED	HERTZES	RUBELLA
ATTITUDE	INURE	RUINED
BROADEST	MACKINTOSH	SANING
CAHOOTS	PARCELED	SCARLET
COMELIEST	PAYLOAD	STARTED
DENOTING	PHILODENDRONS	THING
DONKEY	PROFANING	
GRAPHITE	REMANDING	

Assorted Words 61

E S P R A D U X P D Q W Q U K
P C P R E V A I L S E R L D F
L K I U O S T K T X P K M U M
D G S V D T I I Y T I R A P I
N E N G E E O H S K N U L C C
Y I G I N D T P C O Q T Y O R
F P E N D I M I L N P L P R O
G L U X I R L G R A A E I M S
G N I R E W O P M E S R D H C
S N F C P M T C M X H M F G O
L A I Z K O P C S U M N I N P
E U X Z C K S T C I R O I C E
A J G M A C D E E W D C C W X
Z I M M E R S E S I R I N G I
Y Q L F X J G L Z Y W E N I S

CAKED	EXEMPT	PROTOPLASMIC
CLUNKS	FLICK	PURPOSES
CRUMPLING	GRAZING	SINEWY
DEPOSIT	IMMERSES	SIRING
DEVICE	INHERITED	SLEAZY
DISCORDING	MICROSCOPE	TWINGED
EMPOWERING	PARITY	
ENFRANCHISE	PREVAILS	

Assorted Words 62

```
A  D  U  Y  G  N  I  R  R  E  F  E  R  P  P
Z  P  E  M  J  B  D  T  T  G  I  L  D  I  E
E  B  P  K  S  O  S  T  V  M  D  B  I  N  R
I  T  O  A  C  D  T  V  K  L  U  O  S  F  S
P  N  A  D  L  I  N  S  O  Y  C  U  S  O  U
R  R  H  L  K  L  R  A  E  W  I  N  O  R  A
A  O  E  I  P  Y  I  B  S  Y  A  C  L  M  S
C  B  B  P  B  M  G  N  I  T  R  E  V  A  I
T  J  U  O  M  I  E  O  G  M  I  P  E  T  V
I  Q  E  S  T  E  T  T  L  G  E  F  S  I  E
C  M  Z  W  Y  I  T  I  N  O  S  S  U  O  L
A  W  Y  I  E  W  C  S  O  O  I  B  T  N  Y
L  Y  N  A  X  L  O  S  I  N  C  T  I  A  R
L  C  C  A  L  L  E  R  S  D  S  T  E  L  M
Y  T  A  C  K  L  E  R  K  T  O  U  C  A  N
```

APPALLING	DISSOLVES	PRACTICALLY
AVERTING	DISTEMPER	PREFERRING
BODILY	ETIOLOGY	ROBOTICS
BOUNCE	FIDUCIARIES	SANDS
BRICKED	INFORMATIONAL	SPRYEST
BUSYWORK	INHIBITIONS	TACKLER
CALLERS	JEWELER	TOUCAN
CONTEMPLATE	PERSUASIVELY	

Assorted Words 63

```
B  S  S  E  C  N  E  I  D  E  P  X  E  R  X
E  E  K  E  G  A  G  G  N  I  T  I  M  O  V
F  T  Z  I  I  N  Z  P  I  C  R  Q  I  U  O
E  X  A  I  E  C  I  O  P  K  S  U  S  T  R
S  M  A  G  R  H  N  T  M  W  A  I  J  E  T
H  B  Y  H  O  O  S  E  P  M  E  B  U  M  I
O  J  C  E  H  R  H  C  T  U  W  B  D  P  N
W  Z  I  A  B  W  B  T  E  S  R  L  G  T  K
I  E  I  R  E  O  H  A  U  N  I  E  M  A  L
L  B  A  T  H  M  A  T  S  A  E  S  E  T  I
Y  B  L  E  E  E  S  H  O  R  E  D  N  I  N
B  G  T  D  S  N  W  Z  W  B  P  F  T  O  G
B  B  N  G  T  S  H  I  R  K  E  D  S  N  C
M  Y  L  A  B  Y  R  I  N  T  H  I  N  E  X
E  L  B  A  R  E  P  O  N  I  E  A  F  L  I
```

ABROGATE	HEARTED	SHIRKED
ANCHORWOMEN	INOPERABLE	SHORED
AUTHORIZE	LABYRINTHINE	SHOWILY
BATHMATS	MISJUDGMENTS	TEMPTATION
BEHEST	QUIBBLE	TINKLING
CONSISTENCIES	RANGY	VOMITING
ERUPTING	SCENED	
EXPEDIENCES	SHEIKS	

Assorted Words 64

```
E  Z  R  J  Y  S  N  O  I  S  S  I  M  E  B
N  V  B  Q  W  L  V  G  N  I  H  S  E  L  F
C  Y  I  I  M  Z  L  B  R  E  P  E  L  S  O
R  R  L  E  R  A  I  A  R  U  M  M  A  G  E
D  I  E  S  C  D  R  N  C  S  E  T  S  E  T
B  E  D  A  U  N  B  G  N  I  T  N  I  E  F
S  O  T  I  T  O  O  R  O  W  T  T  R  X  P
G  L  D  L  S  U  I  C  A  T  U  P  K  U  U
A  Q  L  K  I  P  R  L  O  I  P  Y  O  E  R
L  G  C  I  I  U  O  E  L  Z  N  Y  V  C  L
O  Y  E  N  F  N  Q  R  E  E  E  E  R  F  I
S  U  Y  E  U  E  S  N  D  G  B  N  D  C  N
H  T  S  Q  U  I  R  M  S  W  B  E  W  H  G
E  D  E  B  I  L  I  T  A  T  E  B  R  V  R
S  E  I  R  O  T  A  G  R  U  P  D  Y  N  X
```

BIRDBRAINED	EMISSIONS	REBELLIOUSLY
BODKINS	FEINTING	REFILLS
CONCEIVE	FLESHING	REPELS
COZEN	GALOSHE	RUMMAGE
CREATURE	OPTICALLY	SQUIRMS
CRYPTOGRAM	PURGATORIES	TESTES
DEBILITATE	PURLING	
DEWDROPS	QUILTED	

Assorted Words 65

```
S  L  I  C  K  I  N  G  S  L  O  G  G  E  D
M  S  J  E  Y  E  L  E  V  A  T  E  H  M  S
C  U  E  Z  O  L  R  F  E  A  S  I  B  L  E
S  P  F  N  I  G  S  U  I  J  F  O  R  G  E
S  N  A  V  I  N  N  U  S  A  R  K  O  D  S
F  N  O  N  Y  K  A  I  O  A  W  Y  N  Z  H
D  P  U  I  T  E  A  U  D  U  R  Z  Z  P  A
S  E  A  E  N  S  Z  L  G  R  C  E  E  A  R
A  L  T  R  L  U  U  I  F  U  A  O  S  J  K
T  O  I  T  T  B  E  I  S  T  R  W  N  L  S
U  V  K  R  I  I  I  R  T  S  A  A  A  N  K
R  C  R  Z  T  W  N  C  V  P  A  Q  L  L  I
A  R  M  Q  L  S  M  G  U  P  P  I  E  S  N
T  J  K  C  N  Q  O  I  B  R  T  D  T  O  D
E  H  Y  V  H  X  Z  N  D  K  C  L  S  H  V
```

ASSIZE	FLAKINESS	PARTING
AWARDING	FORGE	REUNIONS
BRONZES	GUPPIES	SATURATE
CRUCIBLE	INAUGURALS	SHARKSKIN
DIMWITTED	INNOCUOUSLY	SLOGGED
ELEVATE	LICKINGS	
ERASURE	NOSTRIL	
FEASIBLE	PANTSUIT	

Assorted Words 66

```
F  O  F  R  I  C  A  S  S  E  E  S  V  F  P
X  R  A  U  A  O  P  T  I  C  I  A  N  R  L
Z  Y  S  A  B  L  E  I  K  O  U  A  Q  K  U
J  E  Q  S  T  I  M  M  U  S  H  R  S  B  M
U  J  Y  B  E  X  K  P  V  P  P  E  T  P  S
M  Y  Y  L  O  L  S  O  W  O  U  M  R  L  T
B  E  L  T  I  N  G  Z  E  N  I  E  U  A  Y
O  P  M  B  I  Z  I  U  I  S  Q  D  M  T  P
S  J  H  R  I  R  A  T  B  O  T  Y  P  F  E
S  T  R  E  E  D  A  L  O  R  A  I  E  O  S
U  H  D  R  J  Z  E  L  E  S  W  N  T  R  E
B  S  S  E  N  I  L  R  U  S  U  G  E  M  T
S  E  Z  T  I  B  I  K  C  G  F  R  R  O  B
D  B  G  V  C  F  L  E  E  I  N  G  P  O  H
U  K  A  W  G  E  N  T  L  E  M  A  N  P  J
```

ANGULARITY	FRICASSEES	PLUMS
BELTING	GENTLEMAN	REMEDYING
BONITOS	JUMBOS	STRUMPET
BUGLES	KIBITZES	SUMMIT
COSPONSORS	KIELBASY	SURLINESS
CREDIBLY	LAZILY	TREED
CURTLY	OPTICIAN	TRUMPETER
FLEEING	PLATFORM	TYPESET

Assorted Words 67

```
Q  X  C  I  T  A  D  P  O  L  E  Z  G  Z  Q
U  C  Q  A  M  A  Y  E  S  L  A  C  O  V  T
K  C  A  B  T  E  W  F  S  L  U  A  H  W  Z
Y  T  I  L  I  B  A  N  I  U  V  L  F  H  R
P  S  S  L  A  V  I  V  E  R  O  O  G  O  E
M  A  S  T  H  E  A  D  S  X  T  R  E  L  D
R  F  R  I  C  A  S  S  E  E  I  N  G  I  E
T  I  E  L  U  P  U  S  A  L  X  C  E  N  P
H  P  N  S  S  E  N  N  E  D  D  U  S  G  L
E  O  A  B  T  W  I  N  E  S  A  R  G  H  O
A  E  R  Z  O  I  Y  L  I  R  G  N  U  H  Y
T  S  S  T  N  A  R  T  S  I  G  E  R  C  M
R  I  S  S  L  E  R  E  K  C  A  M  E  Y  E
E  E  T  V  G  N  K  D  L  B  J  W  U  M  N
S  S  E  N  I  L  I  O  E  D  H  T  G  A  T
```

CURDLED	INBOARD	REVIVALS
FRICASSEEING	LUPUS	SUDDENNESS
GENTRIFY	MACKERELS	TADPOLE
GROUSED	MASTHEADS	THEATRES
HAULS	OILINESS	TWINES
HOLING	POESIES	VOCALS
HUNGRILY	REDEPLOYMENT	WETBACK
INABILITY	REGISTRANTS	

Assorted Words 68

```
A  L  O  R  D  S  H  I  P  L  A  X  B  V  I
D  L  C  E  C  K  W  K  B  P  N  N  D  B  O
H  E  R  O  N  S  S  D  V  L  N  A  Y  P  R
I  M  L  B  M  C  A  E  E  M  O  D  E  L  S
N  M  I  I  S  B  L  G  L  L  Y  W  W  L  B
F  A  X  P  A  S  V  K  D  K  I  X  U  Z  W
I  V  L  D  N  M  E  C  N  B  N  O  F  P  O
L  J  B  F  D  O  R  N  Y  P  G  I  F  I  S
T  M  B  S  M  E  I  I  T  I  L  P  R  V  T
R  P  F  A  F  N  R  S  A  E  Y  Q  W  C  O
A  V  D  E  F  O  L  I  A  T  I  N  G  K  P
T  E  V  R  E  N  N  U  M  V  C  U  N  I  P
E  N  E  R  G  I  Z  E  S  D  E  X  Q  N  I
D  P  A  R  A  P  H  E  R  N  A  L  I  A  N
L  E  N  C  L  O  S  U  R  E  S  C  T  S  G
```

ADMIRED	EVASION	QUIETNESS
AIRMAILED	FOILED	SALVER
ANNOYINGLY	HERONS	STOPPING
BLOWUPS	INFILTRATED	UNNERVE
CRINKLES	LEMMA	
DEFOLIATING	LORDSHIP	
ENCLOSURES	MODELS	
ENERGIZES	PARAPHERNALIA	

Assorted Words 69

```
O  W  Y  S  U  G  N  I  R  E  T  S  U  L  C
Y  T  I  Q  V  T  N  E  L  O  V  E  L  A  M
E  U  N  E  G  V  R  E  S  O  L  U  T  E  R
A  G  N  I  T  A  D  T  S  O  P  I  D  E  U
S  G  E  X  P  O  U  N  D  I  N  G  I  D  L
T  C  B  L  A  R  N  E  Y  P  S  D  S  I  E
S  F  O  R  B  I  D  D  I  N  G  D  K  O  R
G  Y  A  V  O  I  R  D  U  P  O  I  S  X  S
A  S  E  L  A  T  S  S  W  A  S  K  C  U  B
W  V  P  G  O  K  R  S  T  D  E  K  C  I  R
K  K  J  B  H  O  U  S  I  N  G  B  F  L  Q
I  Y  F  Y  D  X  K  K  B  M  U  K  Y  S  G
E  M  U  T  I  N  E  E  R  S  D  A  S  Q  C
R  E  P  R  E  T  E  N  D  E  R  A  M  C  S
S  G  N  I  M  O  C  E  M  O  H  W  S  Z  U
```

ADMISSIBLE	FORBIDDING	POSTDATING
AUNTS	GAWKIER	PRETENDER
AVOIRDUPOIS	HOMECOMINGS	RESOLUTER
BLARNEY	HOUSING	RICKED
BUCKSAWS	LOOKED	RULERS
CLUSTERING	MALEVOLENT	STALES
DISKS	MUTINEER	YEASTS
EXPOUNDING	PINTO	

Assorted Words 70

```
B  H  E  X  P  O  N  E  N  T  I  A  L  L  Y
E  A  N  S  V  Z  A  C  H  B  G  B  O  M  A
Q  R  L  A  H  T  L  L  U  U  S  V  R  E  R
U  R  F  R  M  A  M  A  M  R  X  V  D  X  E
A  O  C  P  E  S  I  S  P  N  S  L  S  T  F
R  W  R  F  O  L  S  H  E  I  X  U  H  E  R
R  E  Z  I  T  U  P  E  D  S  N  G  I  N  E
E  D  A  X  Q  J  L  D  N  H  N  V  P  D  S
L  S  Q  L  C  I  A  B  X  I  X  A  S  A  H
S  M  P  W  P  N  C  K  P  N  S  V  E  B  E
J  E  S  T  J  A  E  P  W  G  T  U  M  L  R
Y  L  S  U  O  U  C  O  N  N  I  J  B  E  C
O  T  N  E  M  E  T  A  T  S  R  E  V  O  X
N  S  Q  E  T  A  L  O  S  N  O  C  S  I  D
K  F  N  D  E  C  C  E  N  T  R  I  C  F  N
```

ALPACAS	EXPONENTIALLY	QUARRELS
BURNISHING	EXTENDABLE	REFRESHER
BUSINESSMAN	HARROWED	SMELTS
CLASHED	HUMPED	
CLEANS	INNOCUOUSLY	
DEPUTIZE	LORDSHIPS	
DISCONSOLATE	MISPLACE	
ECCENTRIC	OVERSTATEMENT	

Assorted Words 71

```
S  F  B  K  C  U  D  K  U  G  H  O  X  N  H
V  N  D  U  P  O  D  E  C  N  I  W  F  W  N
A  D  O  E  I  S  R  Q  F  I  X  I  N  G  I
L  S  L  I  X  D  A  R  L  I  N  G  S  S  R
M  C  E  R  T  A  I  N  E  R  N  B  I  A  E
E  T  E  I  Y  A  F  O  S  C  P  E  W  N  M
S  R  R  B  C  B  V  M  R  E  T  R  Z  D  O
M  P  I  G  A  A  G  I  Z  E  N  N  B  A  D
E  L  N  O  T  N  R  I  R  G  R  I  E  L  E
R  O  G  P  B  G  R  C  H  P  N  B  R  S  L
I  P  B  O  I  L  R  U  O  N  E  I  M  A  S
Z  P  C  Z  R  E  F  V  P  T  W  D  Y  O  M
E  I  T  B  D  S  O  Z  W  S  U  H  Y  A  S
D  N  A  M  S  D  U  B  M  O  W  A  L  N  H
V  G  X  E  H  A  N  D  B  A  G  G  I  N  G
```

AUTOCRACIES	FAXED	PLOPPING
BANGLES	FIXING	REMODEL
CATBIRDS	HANDBAGGING	SANDALS
CERTAINER	HAYING	SOMBRERO
CORRECTNESS	LEERING	SPURN
DARLINGS	MARINES	WINCED
DEFINE	MESMERIZED	
DEPRIVATIONS	OMBUDSMAN	

Assorted Words 72

```
G  V  W  F  A  D  G  N  I  Y  F  I  T  O  N
M  D  P  Q  C  H  E  E  R  I  N  G  Y  B  I
T  N  T  H  S  S  E  S  P  O  C  K  E  T  S
F  O  D  H  A  D  C  T  S  W  A  S  P  I  R
I  R  P  E  X  R  O  S  E  E  Q  R  N  I  Z
J  T  E  R  N  Y  M  G  Y  R  R  A  O  Y  P
I  H  R  B  G  A  P  A  I  A  O  T  R  L  S
N  W  I  I  U  N  L  R  C  M  W  D  T  A  G
R  E  P  V  R  D  I  P  E  I  E  H  O  U  T
I  S  H  O  E  D  M  T  A  R  S  D  T  X  B
K  T  E  R  V  M  E  U  O  U  E  T  I  A  Y
I  W  R  O  E  Z  N  C  C  O  Q  F  S  I  P
S  A  I  U  N  H  T  Y  A  H  F  A  L  T  D
H  R  E  S  U  M  E  D  T  M  Y  W  A  I  M
A  D  S  R  E  E  D  E  U  Q  I  S  Y  H  P
```

AQUAPLANED	JINRIKISHA	PILFERER
BUTTRESSED	MACED	POCKETS
CHEERING	NORTHWESTWARD	REVENUE
COMPLIMENTED	NOTIFYING	RIPSAWS
DEMIGODS	PATHWAYS	
FOOTING	PERIPHERIES	
HERBIVOROUS	PHARMACISTS	
HETERODOXY	PHYSIQUE	

Assorted Words 73

```
T  S  N  I  P  E  D  I  E  T  I  T  I  A  N
J  H  E  M  O  P  H  I  L  I  A  C  C  F  V
E  X  H  I  L  A  R  A  T  I  O  N  Y  I  F
F  Z  G  N  C  N  E  N  G  U  L  F  I  N  G
W  T  Y  N  B  R  V  I  P  E  R  S  X  G  N
I  R  D  C  I  A  A  E  U  P  G  Q  R  E  T
G  E  X  I  C  P  C  W  O  L  L  E  F  R  M
G  A  Z  M  S  W  M  K  F  D  V  Y  D  P  I
L  N  G  M  D  C  C  A  R  I  N  G  I  R  L
I  I  H  S  I  F  L  E  R  E  S  X  M  I  E
E  M  Z  R  K  K  A  O  R  C  S  H  K  N  S
S  A  B  A  N  D  P  S  S  S  V  T  E  T  T
T  T  K  G  R  A  D  E  S  U  F  F  U  S  O
J  E  P  V  J  D  E  S  S  U  R  T  R  F  N
H  R  J  S  Y  L  G  N  I  D  E  E  C  X  E
```

BACKREST	ENGULFING	REANIMATE
CARING	EXCEEDINGLY	SNIPED
CRAMPING	EXHILARATION	SUFFUSED
CRAWFISHES	FELLOW	TRUSSED
CROAK	FINGERPRINT	VIPERS
DIETITIAN	HEMOPHILIAC	WIGGLIEST
DISCLOSURE	LIZARD	
ELFISH	MILESTONE	

Assorted Words 74

```
J  B  B  S  G  N  I  R  E  K  N  A  H  W  Y
B  Z  L  S  K  C  O  D  T  Q  Z  F  Y  T  E
F  S  I  U  S  E  A  X  E  V  Q  E  O  Z  N
C  O  E  R  R  I  R  L  E  D  T  L  E  R  F
S  A  L  N  N  R  G  E  A  Q  A  L  U  T  R
R  G  T  D  I  B  Y  N  C  M  D  E  U  N  A
T  A  Z  A  E  T  U  P  I  N  I  S  L  L  N
N  S  Y  E  P  S  L  L  O  T  I  T  F  A  C
T  V  E  H  O  U  P  A  L  L  U  S  I  T  H
F  E  X  K  M  R  L  I  S  D  L  L  Z  E  I
A  E  G  G  N  O  G  T  S  T  O  A  F  N  S
R  U  L  D  B  A  N  U  X  I  A  Z  C  T  E
J  H  K  T  R  D  L  T  B  R  N  E  E  S  S
V  T  V  V  E  D  B  B  H  H  P  G  L  R  O
M  N  H  D  R  D  A  L  L  E  B  U  R  B  H
```

BLANKEST	EGGNOG	MONTH
BLEATS	ENFRANCHISES	RUBELLA
BLURRY	FELLEST	SALTINES
BULLDOZER	FELTED	SCALLOP
CALAMITIES	FLUTING	SINCERE
CATAPULT	HANKERINGS	
DESPISING	LATENTS	
DOCKS	LEADED	

Assorted Words 75

```
L  I  A  R  D  R  A  U  G  Z  N  O  C  Y  I
R  I  N  C  O  H  E  R  E  N  T  L  Y  T  H
M  E  H  A  B  R  I  D  G  M  E  N  T  S  U
G  N  I  N  O  I  T  N  E  M  U  X  I  T  D
T  R  I  P  O  O  W  Z  K  I  D  D  I  N  G
M  E  U  N  O  C  I  T  S  I  N  O  D  E  H
I  A  H  E  T  C  Q  R  G  F  J  J  F  X  S
N  D  B  S  S  E  O  R  U  U  F  D  E  S  H
I  S  E  H  P  O  R  T  S  O  P  A  N  C  B
S  T  H  U  J  B  M  D  O  O  G  W  G  U  T
E  O  Y  G  B  B  L  E  I  H  C  D  K  D  L
R  V  M  M  I  M  Q  Z  S  C  P  L  M  S  D
I  E  R  E  L  E  I  K  R  T  T  E  C  K  U
E  S  P  C  R  Y  N  O  V  U  L  A  T  E  S
S  C  O  N  G  R  E  S  S  I  O  N  A  L  L
```

ABRIDGMENTS	IMBUED	OVULATES
APOSTROPHES	INCOHERENTLY	PHOTOCOPIER
CONGRESSIONAL	INJECT	SCUDS
DAWDLE	INTERDICT	STOVES
GAFFS	KIDDING	
GRUESOMEST	MENTIONING	
GUARDRAIL	MINISERIES	
HEDONISTIC	NEIGHS	

Assorted Words 76

```
T  V  S  D  E  T  A  I  R  B  E  N  I  Z  V
L  G  R  O  W  L  E  D  L  R  E  I  S  O  R
K  V  O  O  X  T  G  N  I  T  C  E  P  X  E
R  P  E  S  T  A  B  L  I  S  H  M  E  N  T
F  O  R  E  W  A  R  N  E  D  L  R  L  Z  I
J  E  D  E  D  C  P  I  T  C  H  I  N  G  G
O  U  Q  A  X  R  D  K  L  E  F  F  K  W  W
U  C  U  O  T  U  S  A  L  T  P  E  T  E  R
R  Z  M  A  G  S  D  N  E  P  P  A  Y  S  D
N  C  R  D  Q  T  I  E  L  H  Y  Q  M  I  Q
E  V  U  C  W  S  V  U  U  W  W  I  W  M  Y
Y  G  N  I  S  O  H  Q  Q  F  N  O  W  P  L
M  O  S  T  P  I  R  C  S  N  O  C  R  E  E
A  S  O  U  R  L  Y  C  Z  F  O  L  D  R  M
N  Y  L  E  V  I  T  R  U  F  U  C  H  S  A
```

APPEND	EXPECTING	PITCHING
ARROWHEAD	EXUDE	ROSIER
CONQUISTADOR	FOREWARNED	SALTPETER
CONSCRIPTS	FURTIVELY	SIMPERS
CROWD	GROWLED	SOURLY
CRUSTS	HOSING	
DISLIKED	INEBRIATED	
ESTABLISHMENT	JOURNEYMAN	

Assorted Words 77

```
P  K  Y  L  S  S  E  L  D  N  U  O  R  G  I
Q  M  S  P  B  F  L  O  W  E  R  Y  H  I  N
G  X  A  I  A  U  M  S  I  N  O  D  E  H  T
V  A  D  E  R  E  F  F  U  B  I  W  R  H  E
I  N  S  H  B  E  T  A  C  K  L  E  B  P  R
G  S  U  T  E  T  T  S  Z  N  C  F  I  O  P
G  N  I  R  R  I  T  S  E  B  V  S  V  M  O
I  N  I  E  E  O  B  X  A  L  U  P  O  M  S
Y  N  O  T  D  S  N  C  K  Z  L  Y  R  E  I
R  O  V  I  E  E  P  O  P  J  G  U  E  L  N
P  I  W  E  S  K  R  Y  M  C  L  B  D  L  G
X  B  G  L  R  I  C  E  I  Y  B  E  R  E  H
J  H  O  L  E  T  V  A  T  N  Z  V  G  D  F
S  T  E  W  E  D  S  I  R  T  G  B  I  A  D
D  E  R  E  T  I  M  O  D  B  O  R  D  A  B
```

ASTERISK	ESPYING	INVERTS
BAGEL	FLOWERY	MITERED
BARBERED	GASTRONOMY	OTTERED
BESTIRRING	GROUNDLESSLY	POMMELLED
BRACKETING	HEDONISM	STEWED
BUFFERED	HERBIVORE	TACKLE
DIVISION	HEREBY	YOWLED
DULLEST	INTERPOSING	

Assorted Words 78

```
Y  H  K  S  T  U  M  P  Y  V  J  E  E  K  T
S  E  P  U  R  I  F  Y  I  N  G  N  M  S  I
Z  R  A  N  T  R  R  S  O  L  X  T  B  U  P
B  J  E  S  N  O  I  N  I  P  O  E  E  P  S
A  X  D  T  S  C  D  H  W  P  X  R  D  E  I
N  V  F  E  R  I  O  D  S  C  W  P  O  R  L
I  B  O  L  Y  A  D  N  L  F  B  R  E  S  Y
S  C  N  C  L  A  C  U  T  E  W  I  O  T  I
T  Y  S  S  A  S  L  T  O  R  S  S  Z  A  N
E  L  I  H  W  D  N  P  I  U  A  E  B  R  F
R  Q  W  S  P  O  O  C  E  N  S  C  H  G  L
S  M  O  T  H  E  R  E  D  R  G  N  T  U  A
J  M  U  I  R  O  T  A  R  O  M  I  E  S  T
A  H  N  S  C  E  R  V  I  C  A  L  F  S  E
Y  H  A  Z  G  N  I  T  H  G  I  A  R  T  S
```

ASSIDUOUSNESS	INFLATES	SMOTHERED
AVOCADO	MORATORIUM	STRAIGHTING
BANISTER	OPINIONS	STUMPY
CERVICAL	PURIFYING	SUPERSTAR
CONTRACTS	REPLAYED	TIPSILY
COOPS	RETRACTING	TODDLES
EMBED	SASSY	WHILE
ENTERPRISE	SHIRRS	

Assorted Words 79

```
C  B  O  V  E  R  E  X  P  O  S  E  S  B  R
I  A  O  D  E  T  A  L  O  C  R  E  P  N  R
J  M  W  E  N  A  C  T  M  E  N  T  W  U  H
S  G  S  E  C  N  A  N  I  F  A  R  R  M  E
L  E  B  U  N  N  Y  D  E  B  A  E  S  C  U
E  O  T  D  V  C  E  A  S  I  N  G  I  O  M
E  C  R  U  D  D  Y  L  R  X  N  N  C  M  I
P  Y  D  P  F  F  O  W  O  A  G  Y  L  M  E
W  N  I  I  X  N  G  A  B  V  B  R  I  E  S
A  M  M  N  V  B  O  O  S  T  E  R  Q  N  T
L  O  A  G  V  I  J  C  L  F  F  N  U  D  D
K  L  F  H  R  J  L  M  S  D  F  X  E  A  Z
I  T  D  E  L  A  E  V  E  R  I  U  S  B  X
N  S  R  E  R  E  D  R  U  M  O  E  M  L  X
G  O  S  G  N  I  S  S  E  S  B  O  S  E  A
```

BENEVOLENCE	DUPING	OLDIES
BOOSTER	ENACTMENT	OVEREXPOSES
BUNNY	FINANCES	PERCOLATED
CEASING	LIVID	REVEALED
CLIQUES	MOLTS	RHEUMIEST
COMMENDABLE	MUFFS	SEABED
CONFUTES	MURDERERS	SLEEPWALKING
CRUDDY	OBSESSING	

Assorted Words 80

M L Y I D E N T I F I A B L E
S T O C K S B A S O E J M O D
S S A R A H L P S I J N O B P
A E T Q U A U P E Z E L D D K
L S L L K R R R Z A R E U N
T A E B E D R O E E G O R R I
W K A D M X I V S R T X A A C
A M E G I U E I T I Q E T T K
T W K E I R R N Q R Y R E I K
E X Q O N H Y G N O L N D N N
R B Y D I S L O C A T I N G A
P R E I Z T I R J D E T T O C
Y L E V I T C U R T S E D I K
G L A C I A L L Y R A C C E P
P E G C I S N E R O F P K X P

ANNEXE	GRUMBLES	PECCARY
APPROVING	HARASS	PRETEEN
BLURRIER	IDENTIFIABLE	RITZIER
COTTED	JOYRIDES	SALTWATER
DESTRUCTIVELY	KEENS	SEREST
DISLOCATING	KNICKKNACK	SIERRA
FORENSIC	MODERATED	STOCKS
GLACIALLY	OBDURATING	

Assorted Words 81

```
V  A  D  E  T  N  E  I  R  O  S  I  D  L  J
I  I  G  L  I  O  R  B  M  E  B  L  S  A  N
D  S  A  K  B  T  Q  V  N  J  I  S  H  Y  Y
P  E  E  L  E  A  E  T  K  W  K  S  G  P  W
I  L  M  C  K  Z  N  L  S  G  W  A  O  E  P
M  B  C  L  I  A  D  K  G  E  S  T  U  R  E
M  O  O  F  I  R  L  E  R  N  I  Z  V  S  C
A  W  N  L  G  F  T  I  V  U  I  T  S  O  M
T  S  V  O  L  N  J  U  N  L  P  R  S  N  X
U  B  E  U  F  I  I  J  C  I  A  T  J  U  A
R  R  X  N  G  J  N  V  O  E  T  C  I  I  G
E  E  E  Q  C  P  Q  G  A  O  X  Y  Z  N  U
S  O  D  S  E  L  G  N  A  T  N  E  U  Z  G
T  M  R  E  I  L  A  V  A  C  S  V  F  E  D
J  A  B  S  C  O  N  D  S  T  E  L  L  A  R
```

ABSCONDS	DISORIENTED	IMMATURES
ALKALINITY	ELBOWS	LAYPERSON
BANKRUPTING	EMBROIL	RINGLET
BOLLING	ENTANGLES	STAVING
CALVED	EXECUTRICES	STELLAR
CAVALIER	FILMED	
CONVEXED	GESTURE	
CROSIER	GUSTIEST	

Assorted Words 82

```
I  Y  F  K  Q  V  D  E  R  O  T  C  O  R  P
P  Y  L  B  I  S  N  O  P  S  E  R  N  H  M
D  V  E  L  O  P  E  G  D  I  R  P  N  P  E
D  V  L  K  A  C  T  I  L  R  A  T  S  V  T
Y  E  E  V  A  C  K  I  W  O  L  L  A  T  A
X  L  V  S  N  O  I  T  U  N  I  M  I  D  M
H  F  E  I  C  S  S  G  N  I  K  A  M  L  O
S  L  L  R  L  I  T  M  O  E  Q  E  O  U  R
L  A  L  A  U  S  L  N  Z  L  D  W  W  M  P
I  S  E  U  R  T  M  A  A  P  O  I  C  I  H
T  H  R  O  Q  E  A  J  H  L  E  E  V  G  O
T  B  T  I  C  Z  C  M  W  P  P  D  D  E  S
I  A  C  C  A  V  E  A  T  T  E  D  A  I  E
N  C  D  R  A  O  B  A  E  S  J  C  I  L  S
G  K  X  O  R  G  A  N  I  C  A  L  L  Y  S
```

CAVEATTED	MAKINGS	RIDGEPOLE
CEPHALICS	MATURELY	SEABOARD
DEVILS	METAMORPHOSES	SLITTING
DIMINUTIONS	ORGANICALLY	STARLIT
EVIDENT	PEDALS	TALLOW
FLASHBACK	PLANTS	
IDEOLOGICALLY	PROCTORED	
LEVELLER	RESPONSIBLY	

Assorted Words 83

```
Y  L  L  A  C  I  T  N  E  D  I  J  R  V  X
L  X  T  A  M  P  E  R  S  A  N  D  E  E  Z
S  E  G  N  I  B  G  N  I  D  A  E  R  E  R
P  N  Y  S  E  C  N  E  C  I  L  D  L  I  X
N  W  S  A  W  P  O  H  S  R  E  S  A  L  G
E  K  N  P  W  O  M  S  N  I  A  D  S  I  D
U  R  R  I  G  N  L  F  A  D  E  L  I  R  M
M  O  M  C  J  L  O  F  P  O  T  T  A  G  E
O  D  B  K  G  A  Z  I  N  G  X  Y  V  E  U
N  E  T  A  R  G  E  T  N  I  S  I  D  J  N
I  N  C  X  S  R  O  T  N  A  R  A  U  G  L
A  T  Y  N  M  O  T  N  A  H  P  R  W  M  I
N  Z  E  T  N  E  T  I  N  E  P  M  I  E  K
J  N  I  G  H  T  H  A  W  K  S  Q  O  F  E
Y  M  U  R  A  L  I  S  T  Y  R  Q  D  C  S
```

AMPERSAND	IDENTICALLY	PICKAX
ASOCIAL	IMPENITENT	PNEUMONIA
BINGES	INFLOW	POTTAGE
COMPANIONWAY	LASERS	REREADING
DISDAINS	LICENCES	RILED
DISINTEGRATE	MURALIST	RODENT
GAZING	NIGHTHAWKS	UNLIKES
GUARANTORS	PHANTOM	

Assorted Words 84

```
W  E  Z  A  B  S  N  I  K  S  E  R  O  F  K
C  O  N  F  I  G  U  R  A  T  I  O  N  K  I
G  N  R  S  D  H  N  R  D  B  R  Q  C  N  N
F  X  E  N  E  V  S  O  E  S  H  N  B  E  E
Q  C  C  M  T  B  S  I  I  N  B  E  L  T  M
T  O  K  S  S  A  O  K  D  S  R  E  L  A  A
P  M  L  O  N  S  J  R  C  D  S  E  H  B  T
R  P  E  G  R  I  E  T  H  A  A  I  D  O  I
E  L  S  J  R  C  A  N  S  T  R  F  M  O  C
P  E  S  P  C  A  H  T  I  E  A  C  Q  E  M
A  X  L  F  Y  L  C  I  R  S  D  B  M  D  I
R  E  Y  U  S  L  X  E  D  E  U  U  V  I  O
E  R  B  B  G  Y  T  W  D  S  C  B  O  Y  G
D  M  E  C  O  N  Q  U  E  S  T  S  Z  L  D
J  R  F  R  Z  P  L  O  D  D  E  D  A  T  G
```

ASCERTAINS	EMISSION	ORCHID
BASICALLY	FADDISH	PLODDED
BATHROBES	FORESKINS	PREPARED
BIDETS	GIMCRACKS	RECKLESSLY
BUSINESSMEN	GRACED	TABOOED
COMPLEXER	KINEMATIC	
CONFIGURATION	LOUDEST	
CONQUESTS	MODERNER	

Assorted Words 85

```
P  M  I  N  E  R  A  L  O  G  I  S  T  S  I
Y  R  Y  N  O  D  D  P  E  C  F  K  A  M  V
S  I  E  J  E  I  L  A  R  O  T  T  I  L  E
U  E  I  T  G  V  T  N  U  N  L  E  A  R  N
L  G  N  S  E  N  C  A  A  I  C  D  M  T  T
P  D  N  A  E  M  I  O  X  F  N  C  I  E  U
H  F  E  I  L  X  A  T  R  E  Z  Z  N  N  R
U  C  J  G  P  P  A  I  U  R  N  A  I  S  E
R  F  G  E  G  M  W  O  D  O  U  N  M  I  F
S  N  J  D  R  A  A  K  C  U  R  P  A  N  E
G  S  W  O  R  N  R  O  C  S  Z  G  T  G  D
A  L  D  L  O  H  E  E  R  F  H  L  W  L  A
O  Y  L  T  C  E  R  R  O  C  N  I  G  D  Y
D  E  R  E  V  I  H  S  E  L  F  S  A  M  E
D  P  A  S  S  E  R  T  S  I  M  D  A  E  H
```

AMPING	FREEHOLD	RAGGED
ANNEXATION	GROUTING	REFED
AWARE	HEADMISTRESS	SELFSAME
COAXES	INCORRECTLY	SHIVERED
CONIFEROUS	LITTORAL	SULPHURS
CORNROWS	MINERALOGISTS	TENSING
CORRUPTLY	MINIMA	UNLEARN
DIAMETER	PLANES	VENTURE

Assorted Words 86

```
C  S  B  D  E  T  R  E  V  O  R  T  N  I  S
T  O  E  B  D  I  S  E  M  B  A  R  K  E  D
A  S  N  T  J  D  I  S  C  E  R  N  E  D  W
R  K  E  C  A  T  R  I  A  T  H  L  O  N  I
T  Y  F  D  L  M  C  E  R  R  O  O  B  A  L
L  S  A  S  I  U  E  A  R  E  E  P  P  D  D
Y  C  S  V  Y  L  S  R  R  U  G  D  I  W  C
I  R  H  S  R  A  G  I  C  E  T  G  L  C  A
P  A  I  Y  P  D  D  M  V  E  T  A  O  O  T
L  P  O  Z  M  B  G  H  A  E  F  N  M  L  M
A  E  N  F  C  C  O  N  T  I  N  U  U  M  F
N  R  E  B  C  B  O  X  E  R  U  G  U  O  I
A  S  D  P  S  E  T  A  I  T  I  V  O  N  C
R  E  S  O  U  N  D  O  R  E  B  B  T  M  K
Q  Q  L  G  S  Y  A  W  E  G  A  S  S  A  P
```

BIRTHDAYS	DISEMBARKED	PASSAGEWAYS
BOXER	FASHIONED	PLANAR
CIGARS	GLIDES	RESOUND
CONCLUSIVE	IMMATURE	SKYSCRAPERS
CONTINUUM	INTROVERTED	TARTLY
COUNTERACT	LOGGER	TOPIC
CREMATES	MOLDER	TRIATHLON
DISCERNED	NOVITIATES	WILDCAT

Assorted Words 87

```
T  I  N  S  I  D  E  S  E  H  T  A  W  S  A
N  S  S  S  E  N  H  G  U  O  R  E  Q  N  C
T  R  E  O  E  O  R  E  I  P  S  I  W  E  O
T  N  T  I  R  H  G  E  R  T  C  A  S  X  N
C  E  E  L  C  B  S  N  T  J  E  N  Y  T  C
S  O  N  M  B  E  E  I  I  T  H  T  L  R  E
T  E  M  O  H  R  E  T  M  M  A  M  S  O  N
H  I  C  P  T  S  O  L  S  A  A  C  N  V  T
I  E  V  S  O  S  I  G  F  U  F  L  S  E  R
N  O  S  A  E  S  D  N  A  R  B  M  F  R  A
L  R  C  Y  L  R  T  A  A  N  E  T  Y  S  T
Y  L  V  L  V  V  O  E  E  B  S  F  C  I  I
K  L  J  M  E  V  E  U  D  H  H  P  H  O  N
T  D  E  T  A  N  I  L  L  O  P  S  C  N  G
R  E  K  L  A  W  Y  A  J  F  F  P  O  W  U
```

BANISHMENT	FLEECIEST	SEASON
BRANDS	FLUORESCES	SORBETS
BROGANS	HEADSTONE	SWATHES
COMPOSTED	INSIDES	THINLY
CONCENTRATING	JAYWALKER	VALVE
EXTROVERSION	POLLINATED	WISPIER
FAMISHES	ROUGHNESS	
FLAMINGOES	SCATTER	

Assorted Words 88

```
S  L  O  S  H  P  M  G  S  M  O  K  E  D  Q
S  H  I  S  R  R  R  O  N  K  L  Q  Q  C  U
I  S  A  R  K  O  E  O  P  I  F  G  H  B  I
L  M  H  U  B  C  T  G  V  P  T  U  E  K  C
K  U  X  T  T  M  I  A  N  O  E  T  D  H  K
E  G  I  R  Q  H  U  R  R  I  K  T  A  A  E
N  G  G  N  D  F  O  T  V  T  R  E  Q  H  N
Y  L  S  U  O  E  G  R  O  G  L  R  S  Y  E
W  E  X  S  R  E  P  P  I  H  C  I  E  T  D
O  R  C  H  E  S  T  R  A  T  E  S  F  D  J
X  Y  H  T  R  O  W  E  S  I  A  R  P  N  A
S  I  N  G  L  Y  T  O  O  F  E  R  A  B  I
X  W  Z  V  W  M  E  K  N  A  C  K  I  N  G
P  O  S  T  S  C  R  I  P  T  W  K  F  A  U
E  X  P  L  T  S  E  G  N  U  L  P  B  M  N
```

AUTHORITARIAN	KNACKING	RICKS
BAREFOOT	MOPPET	SILKEN
CHIPPERS	ORCHESTRATES	SINGLY
DERRINGER	PLUNGES	SMOKED
GORGEOUSLY	POSTSCRIPT	SMUGGLER
GUTTER	PRAISEWORTHY	TUMBRIL
HATTING	PROVOKES	
INFILTRATORS	QUICKENED	

Assorted Words 89

```
G  N  I  I  A  H  G  N  A  H  S  S  L  M  L
K  R  F  F  I  C  Z  U  B  R  E  F  I  N  E
T  E  E  E  E  G  A  B  R  A  G  T  K  S  G
H  A  K  T  P  D  S  U  S  T  U  C  C  O  I
V  D  V  C  E  B  I  H  S  Y  D  T  Z  J  T
A  E  D  H  O  O  Q  H  T  A  K  T  Z  I  I
S  R  L  F  L  N  M  F  W  O  T  S  A  X  M
P  S  C  A  E  N  C  M  S  A  L  I  U  C  A
L  H  A  L  L  E  Y  E  U  U  R  C  O  D  T
A  I  P  S  I  T  T  L  R  L  C  G  L  N  E
Y  P  T  I  S  K  G  N  N  N  I  K  R  I  S
E  U  I  F  V  H  E  M  E  A  I  N  L  Z  O
O  D  O  Y  U  U  J  N  G  S  E  N  G  E  Z
S  G  N  A  R  P  S  Q  K  V  B  L  G  E  D
O  B  S  E  R  V  E  T  I  C  L  A  C  Z  M
```

ABSENTEE	DUSKY	OILCLOTHS
ALLEY	FALSIFY	RAWHIDE
BONNET	FETCH	READERSHIP
CALCITE	GARBAGE	REFINE
CAPTIONS	LEGITIMATES	SHANGHAIING
CAUSATION	LIKEN	SPLAY
CLEANLY	MULING	SPRANGS
CONCERNING	OBSERVE	STUCCO

Assorted Words 90

```
G  R  J  D  X  D  A  E  H  K  C  A  L  B  H
R  D  E  D  E  Y  X  O  P  E  L  C  C  R  H
P  E  I  S  M  S  T  W  M  C  A  A  C  W  I
P  S  M  L  U  S  S  W  Q  A  S  L  G  L  M
L  X  P  A  H  T  E  O  G  R  C  L  E  T  B
O  J  V  U  R  G  B  I  R  I  H  I  Z  R  E
C  P  I  D  K  K  H  O  Z  C  N  L  Z  R  C
A  O  A  A  N  O  I  S  N  A  P  X  E  E  I
L  L  N  N  C  K  O  D  M  T  R  M  N  A  L
S  E  D  U  V  F  P  H  T  U  L  C  I  M  I
N  S  S  M  B  E  T  A  P  R  I  T  X  E  T
I  T  E  M  E  N  D  A  T  I  O  N  S  R  I
P  A  K  I  O  F  K  B  U  N  G  H  O  L  E
P  R  E  T  A  I  T  A  R  G  N  I  G  S  S
Y  G  M  M  S  N  O  I  T  P  M  E  X  E  S
```

BLACKHEAD	EXPANSION	OBTUSER
BUNGHOLE	EXTIRPATE	POLESTAR
CARICATURING	HEALER	REAMER
CRAZIES	HOOKUPS	REMARK
CROSSED	IMBECILITIES	SNIPPY
EMENDATIONS	INGRATIATE	VIANDS
EPOXYED	LAUDANUM	
EXEMPTIONS	LOCALS	

Assorted Words 91

```
A  V  U  N  C  U  L  A  R  S  P  I  T  E  D
K  I  Y  T  E  S  E  T  T  E  T  R  A  U  Q
W  O  W  O  L  G  N  I  G  G  A  N  I  Y  R
G  N  I  C  N  U  O  N  E  D  M  S  A  M  E
B  I  Y  B  O  E  A  N  E  K  O  W  A  U  M
M  Z  Z  B  C  Z  Q  F  I  Z  Y  P  W  L  A
P  A  S  S  B  O  O  K  S  C  G  L  E  Y  T
S  T  D  Q  L  P  S  T  F  A  R  D  P  U  C
P  I  K  M  D  A  B  K  D  E  G  A  M  O  H
H  O  M  I  E  E  T  I  O  J  K  B  C  Y  E
E  N  J  L  S  N  L  E  K  O  X  N  V  I  S
R  P  X  V  Q  Q  O  G  P  R  B  I  V  R  J
E  W  E  E  K  D  A  Y  G  X  J  G  P  A  T
S  I  M  P  E  R  I  L  L  I  N  G  O  E  F
P  R  O  S  P  E  R  I  T  Y  J  H  G  L  K
```

AVUNCULAR	JIGGLED	REMATCHES
AWOKEN	LOGBOOKS	SPHERES
CARCINOGEN	MADMEN	SPITED
DENOUNCING	NAGGING	UPDRAFTS
FAULT	PASSBOOKS	WEEKDAY
HOMAGED	PETALS	
IMPERILLING	PROSPERITY	
IONIZATION	QUARTETTES	

Assorted Words 92

```
T  S  L  M  S  O  B  S  E  R  V  E  D  U  E
A  U  W  T  U  A  G  N  I  L  K  C  I  R  P
T  L  Y  E  S  E  H  S  I  R  E  P  S  S  A
T  L  T  V  T  H  G  I  S  E  Y  E  T  N  R
E  I  I  R  O  A  E  A  I  T  U  N  I  M  E
D  E  G  G  U  H  U  Q  D  D  U  M  N  E  C
Z  D  H  A  D  R  C  N  A  H  G  N  C  W  E
E  N  C  K  I  K  S  N  E  O  F  Y  T  I  I
A  K  E  A  P  O  S  T  A  T  E  N  I  R  V
L  Z  F  D  E  T  R  I  H  S  T  D  V  O  A
O  W  M  Y  L  E  R  E  T  S  U  A  E  N  B
T  E  P  Y  T  O  N  E  H  P  I  W  L  C  L
K  R  S  M  E  A  G  E  R  L  Y  N  Y  L  E
L  X  P  Y  Z  G  A  I  T  E  R  S  I  A  S
S  R  E  D  L  O  H  E  C  I  F  F  O  D  C
```

ANCHOVY	GOLDEN	PHENOTYPE
APOSTATE	HUGGED	PRICKLING
ATTENUATE	IRONCLAD	RECEIVABLES
AUSTERELY	MEAGERLY	SHIRTED
DAWNS	MINUTIAE	SULLIED
DISTINCTIVELY	OBSERVED	TATTED
EYESIGHT	OFFICEHOLDERS	ZEALOT
GAITERS	PERISHES	

Assorted Words 93

```
B  D  S  M  N  N  K  A  E  U  Q  S  P  I  P
I  L  L  R  N  O  I  T  A  N  I  C  S  A  F
R  U  U  D  E  Z  I  N  O  L  O  C  E  D  P
D  B  I  N  M  Z  Y  T  C  W  X  L  E  Z  P
B  A  O  E  T  S  I  R  A  P  A  B  A  S  R
A  C  L  G  Q  E  S  R  R  L  I  R  Z  I  O
T  K  A  A  N  J  S  E  O  A  U  B  T  R  S
H  S  S  I  E  I  D  T  N  D  C  P  B  Y  P
F  I  E  P  R  S  E  E  C  H  O  S  O  A  E
Q  D  V  S  U  B  N  E  S  Y  S  E  I  C  R
G  E  M  Z  R  H  R  U  S  W  X  I  D  M  I
I  S  V  F  I  E  S  U  P  R  O  G  P  L  N
E  W  V  F  Z  X  V  U  S  W  E  R  B  M  G
S  H  I  V  E  R  E  D  P  H  J  V  D  B  I
S  B  Y  A  B  Y  S  M  A  L  W  E  O  Q  L
```

ABYSMAL	DECOLONIZED	PROSPERING
ADVERSEST	DEODORIZERS	PUSHUPS
AIRBRUSH	DROWSED	RABBI
BACKSIDES	FASCINATION	SHIVERED
BIRDBATH	IMPISHNESS	UNSEAL
BLUNTEST	MISCARRY	WARTY
BREWS	OVERSEEING	
COPULATION	PIPSQUEAK	

Assorted Words 94

```
G  C  K  Z  H  K  R  A  U  C  O  U  S  L  Y
S  N  R  Y  S  G  I  E  C  N  A  U  N  K  A
R  E  I  D  R  E  N  B  F  L  A  C  I  N  G
G  S  H  T  A  E  H  I  I  M  U  O  F  J  A
R  N  Z  D  A  S  G  O  R  T  I  N  J  G  S
A  D  I  U  E  R  Z  N  Y  O  Z  C  I  X  Q
T  D  E  Z  I  T  T  I  Z  J  E  H  H  U
I  B  E  T  I  Y  I  S  P  T  R  A  S  U  I
O  T  U  R  E  T  L  S  A  E  C  L  M  D  R
N  I  R  M  E  V  A  K  R  C  A  I  W  D  T
A  N  W  P  M  F  I  V  N  B  V  N  P  L  S
L  N  B  O  B  E  L  R  I  A  J  G  K  E  R
L  I  P  O  U  R  S  I  M  R  L  D  V  S  D
Y  N  X  C  R  C  U  T  P  N  P  B  C  D  V
B  G  M  H  K  D  O  W  N  S  I  Z  E  A  H
```

BARNS	HUDDLES	POURS
BLANKLY	KIBITZES	PRIVATIZING
BUMMEST	LACING	RATIONALLY
CASTRATING	MAJORING	RAUCOUSLY
CONCEALING	NERDIER	RIVETED
DEPICTING	NUANCE	SITED
DOWNSIZE	PILFERED	SQUIRTS
HEATHS	POOCH	TINNING

Assorted Words 95

```
F  J  B  H  I  Z  Y  S  V  S  B  I  I  V  J
L  F  N  X  A  I  G  L  N  H  Z  Z  G  V  L
C  C  F  S  F  I  T  Q  D  E  O  U  L  R  W
V  O  A  Q  T  K  L  X  K  L  A  A  O  M  F
V  M  N  R  A  S  Y  E  L  L  A  K  O  O  P
I  M  Z  T  J  P  A  B  D  E  B  B  S  N  B
G  U  Z  D  E  A  P  L  U  D  N  O  H  O  U
C  N  S  T  N  N  C  R  B  E  O  T  E  P  H
R  I  I  D  H  E  D  K  O  O  R  T  A  O  A
B  O  R  R  W  Q  M  I  S  V  M  O  T  L  L
Q  N  B  Y  R  O  K  M  N  Q  A  M  H  I  I
V  W  Q  T  S  A  R  J  O  G  L  L  E  E  B
U  F  P  L  F  J  M  C  B  C  I  F  S  S  U
U  I  N  V  E  S  T  I  G  A  T  I  N  G  T
S  R  A  T  S  E  D  O  L  F  Y  P  G  T  M
```

ABNORMALITY	COMMUNION	MARRING
ALLEYS	CONTENDING	MONOPOLIES
APPROVALS	CROWDS	SHEATHES
BALDLY	HAILED	SHELLED
BLASTS	HALIBUT	SNEAK
BOTTOM	IGLOO	
CARJACKS	INVESTIGATING	
COMMEND	LODESTARS	

Assorted Words 96

```
L G N I K C I L U A R D Y H R
M B C S S R E I F I N G A M R
O O R C F E B S O N N E T I C
L B R E E H O M E M A K E R S
L L A I D E G D I R B T O O F
I A N W E A L J A U W B X Y E
F T G R R L E F G R O O M S O
I I I E A W F H H W E U N C I
C O N Q L D R I I Q X P H U R
A N E U I C H A N T F L S T N
T S S I S F I O R E G I M E S
I A S T T V Q G B O W E L S D
O D O E S L E B E R M U O I J
N R E T L E W S G A R A G E D
A Q Y P S G H O U L I S H W B
```

BOWELS	GHOULISH	OBLATIONS
CHANT	GROOMS	RANGINESS
CUTESIE	HEADER	REBELS
DESPERADOES	HOMEMAKER	REGIMES
ELFIN	HYDRAULICKING	REQUITE
FEDERALISTS	LEGAL	SONNET
FOOTBRIDGE	MAGNIFIERS	SWELTER
GARAGED	MOLLIFICATION	

Assorted Words 97

```
O  K  U  H  I  B  R  E  D  N  O  F  R  G  T
D  B  F  X  T  E  I  V  G  S  T  A  T  E  S
I  E  A  P  V  X  D  B  G  N  I  B  U  C  N
G  I  T  R  S  T  I  C  U  E  I  R  R  E  E
I  N  U  A  P  E  S  U  D  L  X  H  H  Y  B
T  S  O  N  L  M  S  R  Y  V  O  H  C  N  A
A  U  U  C  U  P  I  V  S  V  E  U  U  R  J
L  F  S  I  S  O  M  I  G  E  N  L  S  L  A
I  F  N  N  S  R  U  E  X  L  I  W  C  O  T
Z  E  E  G  E  I  L  S  T  V  G  L  E  P  B
E  R  S  S  S  Z  A  T  W  N  J  P  L  S  Z
S  A  S  Z  R  I  T  J  F  U  O  B  L  I  C
J  B  B  T  T  N  I  O  P  U  B  C  I  D  S
K  L  H  M  Y  G  N  C  L  A  R  I  N  E  T
Y  Y  D  O  W  N  G  R  A  D  E  S  G  D  U
```

ANCHOVY	DIGITALIZES	PLUSSES
ARCHING	DISSIMULATING	PRANCING
BIBULOUS	DOWNGRADES	SILLIES
CELLING	EXTEMPORIZING	STATES
CLARINET	FATUOUSNESS	
CONTEMPLATED	FONDER	
CUBING	INSUFFERABLY	
CURVIEST	LOPSIDED	

Assorted Words 98

```
J  P  P  G  N  I  W  E  R  C  S  K  R  O  C
L  S  R  E  I  L  T  S  O  H  G  U  P  J  O
T  E  E  W  S  R  E  T  T  I  B  E  B  X  N
D  L  C  H  X  D  E  N  E  E  D  I  N  G  F
R  F  T  X  B  S  L  L  W  L  I  S  Y  C  E
U  I  C  I  E  V  M  A  D  U  A  D  G  J  C
G  Z  Q  U  M  D  B  U  U  N  E  H  E  C  T
G  Z  S  N  A  I  R  A  U  Q  I  T  N  A  I
I  I  K  N  R  Z  L  Z  R  N  E  K  T  I  O
S  E  F  M  C  Z  X  D  I  B  I  O  X  O  N
T  S  Y  M  H  Y  R  Z  B  N  E  T  C  D  E
S  T  U  Z  W  G  S  E  L  A  P  L  N  S  R
Y  R  E  K  A  B  A  N  A  L  E  R  L  O  X
U  F  A  U  Y  N  L  O  N  E  R  S  X  C  C
U  S  D  L  O  H  E  S  A  E  L  S  H  T  F
```

ANTIQUARIANS	CONTINUUMS	KINDLE
ARCHWAY	CORKSCREWING	LEASEHOLD
BAKERY	DIZZY	LIMIT
BANALER	DRUGGISTS	LONERS
BARBELL	EXCEL	NEEDING
BITTERSWEET	FIZZIEST	PALES
COEQUAL	GHOSTLIER	
CONFECTIONER	INHALE	

Assorted Words 99

```
N  D  E  G  F  S  N  O  I  S  U  R  T  N  I
O  S  E  S  I  A  R  B  C  P  T  L  C  S  I
N  G  G  C  I  S  N  W  O  R  F  M  I  A  L
C  N  N  N  A  T  I  N  S  W  X  S  A  D  D
O  A  O  I  I  M  R  M  E  T  V  L  E  D  O
M  G  G  I  N  N  P  E  P  D  K  I  L  L  V
M  Z  Y  L  T  W  O  I  V  O  U  M  O  E  E
I  P  R  L  V  A  O  O  N  D  T  M  V  B  R
T  U  A  U  T  E  V  R  N  G  A  E  I  A  S
T  U  T  D  F  P  N  R  B  J  K  R  N  G  L
A  T  I  P  L  F  U  R  E  Z  A  G  G  C  E
L  J  O  D  Q  O  L  R  U  S  F  H  P  E  E
W  F  N  G  E  P  C  E  R  P  N  U  X  J  P
G  Q  S  X  N  Q  Q  K  D  O  S  O  H  T  O
S  C  O  R  P  I  O  N  S  N  C  U  C  U  E
```

ADVERTISE	GAZER	OVERSLEEP
BRAISES	GYRATIONS	PADLOCKS
BROWNING	IMPOTENCE	RUFFLED
CONSERVATION	INGOT	SADDLEBAG
CORRUPTLY	INTRUSIONS	SCORPIONS
DECAMPING	LOVING	SLIMMER
FANNED	NONCOMMITTAL	SPURN
FROWNS	NOONING	

Assorted Words 100

```
W  S  L  A  N  D  S  L  I  D  D  E  N  C  K
H  P  R  E  S  I  D  E  N  C  I  E  S  L  N
I  P  R  E  I  N  I  A  R  R  C  N  G  C  R
S  C  E  E  C  S  S  R  E  P  P  I  K  S  O
K  S  Y  X  S  A  M  U  S  I  C  K  E  D  P
E  H  P  P  A  Y  R  R  J  A  R  O  U  E  E
Y  I  I  A  H  M  U  H  O  Z  C  O  L  X  N
D  D  G  T  R  O  I  T  U  U  I  K  S  T  S
B  S  F  I  L  S  P  N  O  O  T  S  E  F  I
E  O  N  A  A  T  X  P  E  F  G  L  Q  Y  V
C  U  Y  T  G  O  L  F  E  R  S  S  I  Q  E
K  D  A  E  H  T  O  H  M  D  S  D  M  N  N
O  T  Z  J  A  F  G  N  I  T  T  I  S  T  E
N  F  S  L  O  L  L  Y  G  A  G  U  I  U  S
S  S  E  N  E  U  Q  A  P  O  G  H  T  O  S
```

BECKONS	LANDSLIDDEN	RAINIER
EXAMINERS	LOLLYGAG	SITTING
EXPATIATE	MUSICKED	SKIPPERS
FESTOON	OPAQUENESS	SPARS
GOLFERS	OUTLINE	WHISKEY
HOPPED	PENSIVENESS	
HOTHEAD	PRESIDENCIES	
KOOKS	RACERS	

Assorted Words 101

```
N E R D G C A R E T A K E R E
L L B T N N E L B I G E L L I
P C J A N U I S R E T T U L F
E M A G R G O Y P N O N C O M
R E T N N B N R A A Y X N O O
I L G A C I E I G L S G J J J
L L N N I E L R M E K T Y J F
E O E Z I R L E E L L C O Y U
D W C S R O S I V D A T I R L
Q E K L Z X T T N E M C T R N
D S L X V I O U R G L K E A B
N T I A G X U C A I D Y H B B
I M N U U Q D Z H S P I U S G
V V E X B Q U F T E S S A B G
F W S I X S E R U T A E R C W
```

ADVISORS	CANCELING	NECKLINES
AIRSTRIPS	CARETAKER	NONCOM
ASSET	CREATURES	PASTOR
AUTOING	EQUALED	PERILED
BARBERED	FLUTTERS	
BATTLEGROUND	ILLEGIBLE	
BECALMING	LEVELING	
BRICKLAYING	MELLOWEST	

Assorted Words 102

```
S  U  P  D  S  G  N  I  R  P  S  F  F  O  L
T  S  T  O  C  K  A  D  I  N  G  R  E  U  L
I  B  T  N  E  M  G  D  U  J  D  O  A  T  I
N  A  V  Q  L  L  H  D  S  Q  E  T  W  L  V
G  D  E  T  A  L  O  M  M  I  X  O  E  I  E
I  C  L  A  T  I  T  U  D  E  T  R  W  N  R
N  Y  I  G  C  R  E  A  T  O  R  S  N  E  I
G  Q  E  T  G  O  L  O  I  K  A  L  A  D  E
H  O  C  K  E  Y  N  A  P  M  O  C  C  A  S
L  F  U  X  C  N  N  F  R  T  S  N  G  H  B
I  R  E  L  B  A  R  A  E  W  E  N  E  B  D
K  I  C  K  S  S  L  E  A  S  N  D  A  F  J
W  V  R  O  L  I  A  T  B  D  S  C  F  C  M
G  N  I  M  O  C  L  E  W  Y  N  A  D  E  S
S  E  K  A  T  E  R  X  A  H  C  A  D  F  B
```

ACCOMPANY	JUDGMENT	ROTOR
CONFESS	KICKS	SCANS
CREATOR	LACKEY	SEDAN
CYBERNETIC	LATITUDE	STINGING
DACHA	LIVERIES	STOCKADING
EXTRA	OFFSPRINGS	TAILOR
HOCKEY	OPTED	WEARABLE
HOTEL	OUTLINED	WELCOMING
IMMOLATED	RETAKES	

Assorted Words 103

```
D  L  B  A  B  P  E  R  P  E  T  R  A  T  E
S  A  T  T  R  O  P  X  E  T  X  P  X  X  S
A  T  I  N  S  E  P  E  D  E  R  A  S  T  L
S  M  N  G  E  E  O  P  P  R  E  S  S  N  A
T  H  T  E  O  M  T  W  I  J  W  U  C  O  U
O  P  I  R  I  L  H  N  R  N  G  K  G  P  G
N  E  D  R  I  T  O  S  U  Y  G  C  O  E  H
I  E  B  Z  R  D  A  P  I  A  U  X  Y  N  T
S  R  I  A  U  E  E  P  A  N  G  B  J  W  E
H  A  T  O  B  X  A  N  C  H  O  V  Y  O  R
I  G  S  Y  L  G  N  I  T  I  B  M  S  R  I
N  E  V  I  T  I  D  D  A  S  B  J  D  K  D
G  M  T  A  N  T  I  T  H  E  T  I  C  A  L
M  Q  B  I  S  N  O  I  T  A  R  G  I  M  E
Z  U  C  Y  G  O  L  O  H  T  I  N  R  O  S
```

ADDITIVE	EXPORT	PEDERAST
ADMONISHMENT	GAUNTEST	PEERAGE
ANCHOVY	IDLES	PERPETRATE
ANTITHETICAL	MIGRATIONS	SHIRR
APOLOGIA	OPENWORK	SLAUGHTER
ASTONISHING	OPPRESS	TIDBITS
BITINGLY	ORNITHOLOGY	TRIDENTS
BOPPING	PATIENTS	

Assorted Words 104

```
B  U  N  T  P  I  R  T  S  T  U  O  K  Y  N
G  G  A  M  B  I  T  L  J  S  E  P  D  D  E
F  N  N  T  D  X  T  C  U  M  A  T  I  N  G
O  D  I  I  S  L  R  E  P  E  L  A  S  Z  A
V  E  D  T  M  E  O  Y  J  H  L  R  T  V  T
E  F  L  E  I  O  P  C  F  F  T  E  R  Z  I
R  O  B  C  L  U  R  P  S  N  R  T  U  S  V
A  R  B  R  E  A  C  H  I  N  G  O  S  C  I
C  E  S  O  V  E  R  C  H  R  U  T  U  T
H  S  E  C  A  R  N  P  I  A  G  C  I  R  Y
I  T  E  U  Y  C  R  E  P  C  H  H  N  R  J
E  S  D  S  G  N  I  Y  R  A  V  I  G  I  X
V  T  E  E  T  A  N  I  D  R  O  N  I  E  A
E  R  D  S  T  N  A  N  N  E  P  G  T  D  R
R  G  N  I  Y  L  P  P  A  S  I  M  V  A  Z
```

APPEALED	HIPPEST	REPEL
BREACHING	INORDINATE	RETOUCHING
CHROMING	MATING	SCOLD
CIRCUITING	MISAPPLYING	SCURRIED
CROCUSES	NEGATIVITY	SEEDED
DEFORESTS	OUTSTRIPT	VARYING
DISTRUSTING	OVERACHIEVER	
GAMBIT	PENNANTS	

Assorted Words 105

```
L S T S I C I S S A L C K S I
Q G S N O E L E M A H C E I U
B C N Q A R M I E S U N Y Q W
Z D R I K M S D P O F E S U M
Y F E I S E A T N P M S T I H
E D J T L I L D N A E T R E E
Y T O Z O E R T A I L R O T E
W P W R B N L A T H A S K E H
D E M O C R A C Y I J T I S A
W C Y P N D G T A B L E N T W
C H U B T C G E E N J E G E E
Z O Q Q K G S D E K N U B E D
S E I E T H N O L O G I C A L
P S Y L P I P E L I N E B X R
L X S T Z F L A P P I N G O T
```

ADAMANT	CLIPPER	ISLAND
ARISING	DEBUNKED	KEYSTROKING
ARMIES	DEMOCRACY	PIPELINE
BELITTLE	DETONATE	QUIETEST
BINNACLE	ECHOES	TAINTS
BLENT	ETHNOLOGICAL	
CHAMELEONS	FLAPPING	
CLASSICISTS	HEEHAWED	

Assorted Words 106

```
Y  T  M  N  C  N  A  V  I  G  A  T  E  D  R
E  M  N  E  S  R  S  E  K  A  T  E  R  S  X
F  X  R  A  K  D  O  N  F  R  A  C  T  A  L
G  X  T  S  M  V  R  W  T  O  W  E  L  N  E
S  N  T  E  C  I  L  A  N  T  R  O  M  D  H
A  E  I  S  N  A  A  Q  W  E  E  F  T  B  N
I  F  T  K  E  S  N  L  M  T  D  I  F  O  Y
L  I  H  A  C  I  I  A  C  S  S  N  G  X  V
C  J  V  M  G  I  P  V  M  G  O  A  K  E  Z
L  D  F  W  V  E  K  M  E  L  M  N  E  S  I
O  O  I  G  U  A  N  A  U  N  A  C  I  M  R
T  N  E  U  R  I  T  I  S  R  E  E  Z  H  H
H  J  M  E  N  O  R  A  H  S  G  S  X  X  R
X  G  E  L  B  A  T  R  O  P  P  U  S  N  I
T  A  L  L  O  W  E  N  O  R  H  T  N  E  W
```

ALMANACS	FRACTAL	NEURITIS
CILANTRO	GRUMPIEST	RETAKES
CLAIMANT	IGUANA	RHINOS
CROWNED	INSUPPORTABLE	SAILCLOTH
EASTWARDS	KICKING	SANDBOXES
ENTHRONE	MENORAHS	TALLOW
EXTENSIVENESS	NAVIGATED	TOWEL
FINANCES	NEGATES	

Assorted Words 107

O B Y X M U Y F M Y I I R I H
R G E S D E L F F U H S E R G
E Y N L S O L A C E L F N P D
E R J I L E S L R E V L D C G
V S D E Z I L A R U L P I K R
I X U B E I G M L V G U T O U
N N I M U C T E A T D P I L N
G V I X E N G Y R E Y F O U E
T N Z Z C B Z N L E R Q N C S
G V I X J R J E I E N D E K R
S H A W W I I Q S W S T Y I Y
P J Z L O D E M R R E O L L M
D E C N E L I S E C O T R Y G
S A T I R E S W F D U G S P Z
D Z A J J S P R E I D N A R G

BELLIGERENTLY	LUCKILY	RUNES
BEMUSE	MULLION	SALTY
BRIDLES	PLURALIZED	SATIRES
CRIMED	PROSELYTIZING	SILENCED
CUMIN	RANDIER	SOLACE
DREAMLESS	REEVING	STEWING
GORSE	RENDITION	VIXEN
LOWING	RESHUFFLED	

Assorted Words 108

```
P  X  L  M  I  S  M  A  N  A  G  E  D  A  I
M  O  D  U  L  A  T  E  S  D  L  O  B  B  J
B  R  A  I  S  I  N  G  L  M  W  Q  T  M  B
I  W  E  X  O  Y  B  J  M  K  O  P  E  C  K
F  Y  M  P  C  R  O  C  H  E  T  T  V  E  P
U  R  W  C  M  G  H  B  M  C  E  C  A  H  B
R  B  A  O  U  U  S  U  R  L  M  U  M  I  P
C  F  O  N  N  R  B  C  H  A  R  M  E  R  D
A  O  C  K  C  S  L  A  B  U  C  N  S  N  W
T  O  T  I  S  T  N  E  M  T  I  M  M  O  C
I  T  A  D  E  V  I  L  R  Y  T  M  H  V  W
N  I  G  N  I  Z  I  T  I  S  N  E  S  E  D
G  N  O  I  S  S  I  M  M  O  C  E  D  Q  K
P  G  N  M  O  G  S  E  S  U  C  O  F  L  N
S  T  S  I  L  A  D  E  M  A  W  W  M  L  Z
```

BIFURCATING	CURLERS	KOPECK
BOLDS	DECOMMISSION	MEDALISTS
BRAISING	DESENSITIZING	MISMANAGED
BUMPER	DEVILRY	MODULATE
CARBOYS	DIATOMS	OCTAGON
CHARMER	FOCUSES	SNOWY
COMMITMENTS	FOOTING	
CROCHET	FRANC	

Assorted Words 109

```
C  L  A  N  O  I  T  A  T  I  V  A  R  G  C
M  O  B  A  L  A  L  A  I  K  A  S  J  Z  H
E  M  M  R  N  G  R  E  E  T  I  N  G  S  I
V  S  D  M  Q  T  B  X  S  T  N  E  M  A  L
C  E  R  T  I  F  I  C  A  T  I  N  G  V  L
J  A  O  A  K  S  U  C  S  G  R  P  X  A  U
V  R  N  S  L  H  S  U  L  E  N  L  N  L  S
F  E  E  G  A  G  A  I  F  I  U  A  D  U  T
E  D  D  N  E  B  C  K  O  B  M  V  W  W  R
M  S  J  A  W  B  O  N  I  N  G  A  E  T  I
W  S  E  Z  I  N  O  I  L  S  E  B  X  R  O
F  L  I  G  H  T  I  N  E  S  S  R  V  E  U
E  G  P  E  X  P  E  R  T  N  E  S  S  Y  S
V  J  C  N  O  I  T  A  C  I  L  P  M  O  C
H  I  W  V  D  D  E  B  R  E  W  O  L  F  J
```

ANTICLIMAXES	FLOWERBED	REVUES
BALALAIKAS	GRAVITATIONAL	SEARED
CERTIFICATING	GREETINGS	TWANG
COMMISSIONERS	ILLUSTRIOUS	
COMPLICATION	JAWBONING	
DRONED	KHAKIS	
EXPERTNESS	LAMENTS	
FLIGHTINESS	LIONIZES	

Assorted Words 110

```
N  E  F  D  R  I  V  I  N  G  S  Z  V  E  J
T  H  O  M  A  G  E  S  E  L  O  I  T  E  P
A  O  U  Y  T  B  D  G  N  I  K  A  Y  A  K
S  T  R  Z  O  S  R  E  H  C  N  U  A  L  C
S  R  S  S  Q  B  E  Q  S  T  R  O  T  E  R
E  Z  D  E  T  A  T  I  L  I  B  E  D  B  S
L  A  Z  X  L  Z  S  U  M  U  C  L  H  Z  T
L  D  O  O  D  L  E  S  D  A  Q  R  M  E  A
E  S  E  T  T  E  U  Q  O  C  E  Q  O  V  T
D  E  D  E  E  W  Y  F  O  X  Z  R  T  X  U
F  K  P  L  A  I  C  E  E  S  I  V  D  I  E
A  K  F  Y  R  E  L  L  O  R  A  C  D  T  U
N  K  I  N  V  E  S  T  I  G  A  T  O  R  S
N  S  P  C  R  A  P  P  E  R  S  C  M  H  S
Y  H  X  H  L  U  L  G  S  U  M  M  E  R  Y
```

CAREFULLEST	FANNY	PLAICE
CAROLLER	FOURS	RAPPERS
COQUETTES	HOMAGES	RETORTS
DEBILITATED	INVESTIGATORS	STATUE
DOODLES	KAYAKING	SUMMERY
DREAMIEST	LAUNCHER	TASSELLED
DRIVINGS	LYNCH	WEEDED
EXORCISED	PETIOLES	

Assorted Words 111

```
C  F  D  G  N  I  N  N  E  I  L  U  J  F  A
D  H  F  E  O  E  K  S  R  E  T  H  G  I  F
E  P  U  O  T  P  E  R  C  E  I  V  E  D  S
O  D  P  M  T  R  D  E  K  N  U  J  P  B  E
O  L  E  G  M  S  E  C  I  F  I  T  R  A  Z
U  H  N  M  W  I  A  S  B  Z  J  E  S  P  J
T  J  C  R  I  O  E  C  E  R  Z  A  M  O  P
R  L  J  W  Z  A  D  S  D  D  J  O  U  P  O
I  I  M  N  L  J  M  N  T  T  F  E  G  L  L
G  A  P  Y  K  D  S  R  E  N  N  I  G  E  B
G  I  A  T  T  E  N  T  I  O  N  S  L  X  U
E  S  N  O  Y  N  A  C  O  D  X  S  E  Y  B
R  O  C  L  U  B  B  I  N  G  P  J  R  D  J
A  N  Q  S  E  T  A  D  I  R  O  U  L  F  V
X  S  S  T  N  E  M  E  C  I  T  N  E  D  S
```

APOPLEXY	DESERTED	MAIMED
ARTIFICES	ENDOW	OUTRIGGER
ATTENTIONS	ENTICEMENTS	PERCEIVED
BEGINNERS	FIGHTERS	SMUGGLER
CANYON	FLUORIDATES	
CASTOFF	JULIENNING	
CHUMMIEST	JUNKED	
CLUBBING	LIAISONS	

Assorted Words 112

```
P  D  G  B  U  D  G  I  E  J  F  I  Z  E  W
U  O  E  N  U  G  E  C  N  A  L  I  G  I  V
R  S  O  R  I  S  N  Y  L  G  N  O  R  T  S
G  N  I  Y  E  T  E  I  E  G  A  N  A  M  H
A  M  A  C  G  H  S  I  N  W  U  E  F  M  U
T  P  R  O  F  I  T  A  K  O  D  B  F  I  T
O  K  Y  A  Q  S  R  A  O  O  S  D  I  W  D
R  N  S  K  C  A  T  S  F  R  O  M  T  R  O
I  O  O  H  A  Y  H  R  R  D  P  R  I  J  W
E  W  L  P  F  A  V  P  E  E  N  M  C  R  N
S  A  S  H  A  M  P  O  O  S  P  A  X  B  C
T  B  S  I  M  I  L  E  S  P  E  P  R  F  N
Y  L  L  A  C  I  G  O  L  O  E  D  I  G  I
Z  E  S  G  N  I  L  B  M  U  H  P  M  N  L
R  E  P  U  L  S  I  V  E  N  E  S  S  N  O
```

BUDGIE	MANAGE	SHUTDOWN
CRIMSONING	NIPPER	SIMILES
DESERTS	PROFIT	STACKS
GRAFFITI	PURGATORIES	STRONGLY
GRANDFATHERED	REPULSIVENESS	VIGILANCE
HUMBLINGS	ROASTING	YAHOO
IDEOLOGICALLY	ROOKIES	
KNOWABLE	SHAMPOOS	

Assorted Words 113

```
U  I  E  L  D  D  I  D  A  W  N  I  N  G  M
C  D  G  N  I  L  B  A  S  I  D  B  R  L  O
L  D  E  P  O  O  C  S  P  L  J  Q  O  Z  R
A  Y  W  N  H  Z  T  W  H  M  N  S  O  Q  A
B  C  O  E  O  A  G  P  Y  B  P  W  B  U  L
O  P  R  U  S  M  B  N  X  W  B  M  E  M  I
R  R  K  O  T  E  E  L  I  U  O  C  I  K  Z
I  E  I  D  S  I  S  L  A  P  N  L  S  A  E
O  S  F  N  E  S  N  S  T  O  R  E  A  N  S
U  S  A  P  E  S  F  G  E  U  L  A  N  K  R
S  E  L  U  X  M  L  I  S  L  P  V  C  L  R
L  D  T  M  K  S  W  U  R  N  B  I  E  E  F
Y  R  E  Y  Z  P  V  E  P  E  Z  N  L  D  L
H  Y  R  A  M  E  S  O  R  M  Z  G  Q  E  A
S  T  S  I  N  U  M  M  O  C  I  H  Q  X  Y
```

ANKLED	DAWNING	OBEISANCE
ASPHYXIATES	DIDDLE	OUTINGS
BLESSES	DISABLING	PRESSED
CARPING	FALTERS	ROSEMARY
CLEAVING	IMPULSED	SCOOPED
COMMUNISTS	LABORIOUSLY	
CREWMEN	LEMONED	
CROSSFIRE	MORALIZES	

Assorted Words 114

```
L G N I Z I N E G O M O H R D
D E R R E F N I S E K I R T R
G P C R A I N B R E D I R L I
I R J E V I S O R R O C E O N
N O L J C O M P O U N D I N G
F M H A N D W R I T I N G G M
I P C L E W E D H C A X L I A
L T Z R K F G M R O U B F N S
T E X Y P Q D B R I M B H G T
R S T S E B T E Q A K E E S E
A T F X S L U L T R H N Y U R
T E D T D E R O S N E C B S D
I Y J X E X P A N S I V E L Y
O S E E T N E S B A N M G X C
N P W F G G N I Y F I L L U N
```

ABSENTEES	EXPANSIVELY	MINTED
BARLEY	HANDWRITING	NULLIFYING
BESTS	HOMEYS	PROMPTEST
CENSORED	HOMOGENIZING	RINGMASTER
CHARMED	INBRED	TRIKES
CLEWED	INFERRED	
COMPOUNDING	INFILTRATION	
CORROSIVE	LONGINGS	

Assorted Words 115

```
S  U  N  R  E  A  D  Y  M  G  R  H  P  P  L
F  N  E  X  I  S  T  E  N  C  E  S  L  R  E
R  W  O  E  Y  W  P  O  N  U  V  O  A  E  F
P  T  O  I  T  T  B  C  L  I  Y  W  T  J  L
D  H  E  S  N  U  I  D  H  G  A  X  E  U  U
Y  E  U  B  E  U  P  L  E  U  W  G  F  D  O
S  M  G  M  L  B  M  M  A  L  R  X  U  I  R
U  O  H  B  M  U  I  M  A  N  E  N  L  C  O
P  R  B  S  R  I  F  R  O  D  I  H  E  E  C
O  R  P  M  D  O  N  R  C  C  M  G  S  D  A
L  H  M  W  U  N  O  G  E  S  O  R  I  U  R
Y  A  W  H  H  J  U  D  B  E  N  U  R  R  B
G  G  B  R  M  C  Y  O  E  J  H  I  E  Z  O
O  E  K  O  P  E  C  K  R  R  I  C  K  Q  N
N  S  A  G  N  I  K  C  E  N  H  G  U  O  R
```

AMPUTEE	GAINED	POLYGON
BROODER	HEMORRHAGES	PREJUDICE
BUSHELED	HUMMING	ROUGHNECKING
CHEERFUL	INSCRIBES	ROUNDS
CHURNED	JUMBOS	UNREADY
COMMUNIONS	KOPECK	
EXISTENCES	ORIGINALITY	
FLUOROCARBON	PLATEFUL	

Assorted Words 116

```
E  N  E  L  A  H  T  H  P  A  N  A  N  V  F
G  M  O  O  L  R  I  E  H  T  M  O  Z  R  F
D  N  J  I  D  E  V  A  L  U  I  N  G  Z  P
A  V  I  Y  T  I  C  I  T  S  A  L  E  K  A
I  C  C  E  D  A  R  R  V  W  O  R  M  Y  R
G  M  D  O  U  L  C  E  F  E  O  D  C  N  A
P  N  P  T  N  L  O  S  T  H  N  G  X  Y  T
H  S  I  L  S  S  C  H  I  L  A  Q  L  L  R
O  R  U  K  A  I  U  S  E  F  I  L  E  O  O
E  I  E  F  C  N  T  L  R  B  N  F  O  N  O
N  F  J  C  A  I  T  O  T  E  L  O  M  S  P
I  M  O  R  A  N  S  I  N  S  V  J  C  U  E
X  M  V  U  I  N  S  U  N  P  V  I  M  R  R
E  C  F  B  N  W  T  O  M  G  Y  I  L  V  S
S  U  O  L  U  D  E  R  C  N  I  H  L  S  Q
```

BEHOLD	HALOS	PARATROOPERS
CEDAR	HEIRLOOM	PHOENIXES
CLUEING	HYPNOTIST	RECANT
CONFISCATION	IMPLANTING	SLIVERS
CONSULTS	INCREDULOUS	SNAFUS
DEVALUING	MUSICKING	WORMY
ELASTICITY	NAPHTHALENE	
FILTER	NYLONS	

Assorted Words 117

```
T  R  E  S  E  A  R  C  H  E  S  E  L  I  R
S  P  O  M  E  L  E  T  S  D  E  R  H  S  F
S  E  H  S  I  N  E  L  P  E  R  Q  H  K  V
E  N  I  B  M  U  L  O  C  Q  J  M  N  W  Z
F  H  O  R  S  E  W  H  I  P  P  I  N  G  S
C  U  N  G  A  T  Z  H  R  Y  Q  N  Y  T  C
A  A  N  U  N  N  K  H  B  S  T  U  B  S  P
Z  S  M  D  M  I  O  L  F  N  N  T  H  G  E
C  K  S  N  E  E  D  I  O  L  M  E  O  P  E
I  M  P  A  I  R  R  D  T  N  S  S  X  O  K
W  O  F  A  U  F  D  A  O  C  E  T  Q  R  A
T  I  G  H  T  L  Y  O  T  N  I  L  B  T  B
G  N  I  L  I  A  T  H  G  I  H  D  Y  A  O
R  W  B  O  O  B  I  E  S  S  N  G  W  L  O
T  E  V  I  R  T  G  U  D  O  M  G  K  S  A
```

ASSAULTED	MINUTEST	RILES
BOOBIES	NODDING	SHREDS
COLUMBINE	NUMERATING	STUBS
DICTIONARIES	OMELETS	TIGHTLY
HIGHTAILING	PEEKABOO	TRIVET
HORSEWHIPPING	PORTALS	UNDERDOGS
IMPAIR	REPLENISHES	
LONELY	RESEARCHES	

Assorted Words 118

```
G  N  I  D  N  U  O  R  G  E  R  O  F  I  V
H  O  R  O  R  Y  G  E  C  N  E  L  A  V  H
E  A  D  E  F  O  L  I  A  T  I  N  G  Z  Y
N  P  O  C  R  Q  F  B  B  B  E  T  B  M  H
C  E  W  H  A  A  M  N  E  I  H  O  T  E  L
E  P  C  E  T  T  E  B  M  E  N  F  Q  O  N
F  I  F  N  V  A  A  L  A  A  F  G  N  S  D
O  D  E  T  E  S  O  L  C  G  N  F  Y  L  Q
R  E  X  S  U  R  L  N  O  U  G  T  W  B  T
T  R  H  N  E  O  E  A  K  G  N  I  R  K  G
H  M  T  N  E  I  E  H  T  U  S  X  N  A  S
T  A  R  T  E  D  S  W  O  A  C  I  N  G  S
S  L  L  I  R  H  S  M  A  C  F  Q  S  P  W
C  D  V  S  H  A  R  B  I  N  G  E  R  S  C
A  E  W  B  V  S  R  E  K  C  U  S  G  R  M
```

ACING	FATAL	NUCLEAR
BAGGING	FEEBLY	SEISMIC
CATALOGS	FOREGROUNDING	SHRILLS
CLOSETED	GIBING	SUCKERS
COHERENCE	HARBINGERS	TARTED
DEFOLIATING	HENCEFORTH	VALENCE
DOTTING	HOTEL	
EPIDERMAL	MANTRAS	

Assorted Words 119

```
G  H  B  D  I  S  C  O  U  R  T  E  S  Y  H
R  F  P  L  E  D  N  O  C  E  S  O  N  A  N
A  W  T  A  U  Z  Q  Y  O  C  H  C  D  E  N
C  S  D  F  L  R  A  K  N  B  A  I  I  F  I
E  H  D  E  H  E  T  L  D  R  N  R  S  L  N
L  V  Y  L  S  Z  R  I  E  V  D  C  C  O  T
E  C  I  D  O  R  C  I  N  O  S  U  R  O  E
S  R  O  T  A  F  U  M  S  G  O  L  E  R  R
S  O  X  R  I  E  N  C  I  U  M  A  D  B  W
N  W  D  F  N  T  T  U  N  E  E  R  I  O  E
E  B  H  F  Z  B  E  S  G  D  S  I  T  A  A
S  A  Y  E  G  Z  R  P  D  U  T  Z  A  R  V
S  R  X  P  E  O  W  E  M  E  O  I  B  D  I
S  P  R  E  E  I  N  G  A  O  B  N  L  S  N
W  H  O  T  S  H  O  T  S  D  C  G  E  I  G
```

BEDSTEAD	DISCOURTESY	NANOSECOND
BLURTING	DISCREDITABLE	PALER
CIRCULARIZING	FLOORBOARDS	SPREEING
COMPETITIVE	GRACELESSNESS	UNFOLDS
CONDENSING	HANDSOMEST	VOGUED
CORNBREAD	HOTSHOTS	
CROWBAR	INTERWEAVING	
CURSED	LAZED	

Assorted Words 120

```
W  G  P  C  V  G  N  I  T  S  I  O  H  D  J
S  S  I  J  C  R  U  D  E  N  E  S  S  C  G
N  E  B  C  O  L  T  I  S  H  A  W  K  S  U
D  P  C  V  A  L  N  U  C  E  A  I  C  Q  E
O  O  P  N  T  B  N  Q  R  I  O  O  F  O  E
I  S  W  A  E  U  Y  F  U  O  V  V  T  E  V
N  T  L  E  D  I  S  S  M  A  C  P  L  Y  D
S  E  S  A  L  E  D  W  M  Y  C  N  V  A  L
T  D  N  V  N  L  G  E  Y  A  L  K  A  T  S
A  X  A  R  V  G  I  N  B  E  L  U  B  R  O
N  M  C  R  R  T  Y  N  A  O  D  L  X  L  F
C  Y  K  S  O  G  T  Z  G  H  S  F  Y  Z  P
I  O  I  W  S  E  D  A  U  S  S  I  D  V  T
N  U  N  I  T  Y  S  E  V  R  A  W  D  Y  M
G  O  G  X  S  L  A  U  X  E  S  O  M  O  H
```

ABYSMALLY	DOWELLING	RANCOR
COATED	DWARVES	SALVOES
COLTISH	HANGED	SLANGY
CRUDENESS	HOISTING	SNACKING
CRUMMY	HOMOSEXUALS	UNITY
DEFIANT	INSTANCING	
DISOBEDIENCE	POSTED	
DISSUADES	QUACK	

Assorted Words 121

```
C  M  U  E  M  B  D  A  E  R  F  O  O  R  P
T  S  I  G  O  L  O  H  T  Y  M  R  I  N  C
L  J  S  S  O  H  C  Y  S  P  S  S  F  T  O
I  N  T  E  N  S  E  R  H  Y  Y  X  N  I  N
G  P  S  D  R  A  O  B  R  O  O  L  F  N  F
H  J  G  N  I  M  A  H  S  Y  O  V  O  F  E
T  R  A  V  A  M  S  T  V  S  H  D  M  A  C
N  J  H  Q  D  E  G  G  O  L  C  O  S  N  T
I  D  R  D  U  X  H  V  N  L  O  U  C  T  I
N  Y  E  V  N  A  C  R  T  O  L  C  E  R  O
G  C  F  S  U  E  R  D  X  R  G  S  M  Y  N
E  Y  R  B  A  S  S  I  N  E  T  Y  S  M  D
D  L  A  X  J  I  E  R  U  T  A  M  R  A  D
V  R  I  O  J  P  B  D  I  M  T  E  E  N  S
C  I  N  A  C  T  I  V  I  T  Y  U  J  S  T
```

AQUARIUM	FLOORBOARDS	PSYCHOS
ARMATURE	GONGS	REFRAIN
ATOLLS	INACTIVITY	SHAMING
BASSINET	INFANTRYMAN	TEENS
BIASED	INTENSER	
BOYHOODS	LIGHTNINGED	
CLOGGED	MYTHOLOGIST	
CONFECTION	PROOFREAD	

Assorted Words 122

```
B  W  Z  I  H  U  C  K  L  E  B  E  R  R  Y
A  R  C  H  I  V  I  N  G  N  I  D  D  A  P
S  F  P  I  H  S  N  A  S  I  T  R  A  P  F
B  W  F  R  I  C  A  S  S  E  E  S  R  P  N
I  S  L  I  A  T  H  G  I  H  T  P  E  R  L
F  S  S  A  R  G  E  U  L  B  A  I  Q  E  O
R  E  X  H  O  M  E  M  P  D  M  G  U  I  V
E  L  L  I  R  D  A  P  S  E  B  T  I  N  E
S  R  A  T  C  H  E  T  S  A  U  D  T  V  D
C  N  O  A  R  M  O  R  I  E  S  I  E  E  K
O  R  B  G  C  U  E  I  L  V  H  T  D  S  B
E  A  S  S  E  M  B  L  A  G  E  S  L  T  Q
S  J  C  H  I  C  K  W  E  E  D  S  F  I  M
T  A  N  O  R  U  E  N  N  V  M  J  L  N  L
R  S  E  T  A  N  I  M  U  L  L  I  N  G  V
```

AFFIRMATIVES	FRESCOES	PADDING
AMBUSHED	FRICASSEES	PARTISANSHIP
ARCHIVING	HIGHTAILS	RAJAS
ARMORIES	HUCKLEBERRY	RATCHETS
ASSEMBLAGES	ILLUMINATES	REINVESTING
BLUEGRASS	LILTS	REQUITED
CHICKWEED	LOVED	
ESPADRILLE	NEURON	

Assorted Words 123

J D E T A R U G U A N I E G R
T S E I T S G I P B I W Y E A
A S N T K M G N I L D D I W T
N M T O A S A W O O D M A N I
F C U N I C X L S O R A T O F
R A P S E T I X T D Y C B X Y
L D U G I D A D P S P L U G I
Z A A L L N I S A T T C L D N
D M N E T D G C R R P N Y E G
A E I R H I E L C E E E I W J
H U T N E R E G Y A V L C O Q
G H O F D T I R G M P N I X P
M X W W A F A A H A V P O T E
P I T R H H U R R X J B V C W
K T Z G Z J S L F M D G Y H P

ACCIDENTS	FRATERNAL	POINTS
AIRHEAD	GULPS	RATIFYING
AMUSINGLY	INAUGURATE	SHAFTED
BLOODSTREAM	JAGGED	TAROS
CONVERSATIONS	JELLY	TWIDDLING
ERADICATED	MALTS	WOODMAN
EXCEPT	MINDFUL	
FAULTIER	PIGSTIES	

Assorted Words 124

A Y X P D E G N I T T U J H Q
E Q S G I N B R T M A E D I G
B Z D M N N E T K S E Q D C I
H Y T T S I E H N O E B K C I
J B R N G I Z P I A Y D S U G
P O K O I N N I T J R W W P V
H V I W T L I A R N C G E E N
Y L I D W A B K G O E U A D L
S Y U R U W L I C R G S Q R Q
I E U F M C M U P O O E S K F
C C N G M F G K C B M T T G E
A Y C S O I R T D R Y M H A N
L F B W E L R U C D I R U K C
S L S U P E R B E R R C Q H E
Z B P D Y T I S O N I M U L D

BAWDILY	HEIST	PHYSICALS
BLINTZE	HICCUPED	SUPERBER
BRIMFUL	HUMMOCKING	TRIOS
CATEGORIZING	INEPTNESS	
CIRCULATORY	JUTTING	
CURLEW	LEWDEST	
FENCED	LUMINOSITY	
FRAGRANT	ORGANISMS	

Assorted Words 125

```
J  W  D  I  B  X  P  Y  B  H  M  U  Z  Y  F
Y  A  E  K  R  A  D  N  E  L  A  C  K  X  O
L  I  B  E  R  A  L  S  X  R  F  L  R  C  R
V  A  F  O  R  M  U  L  A  T  E  D  O  C  B
S  D  T  J  M  I  R  R  O  R  S  G  H  N  E
R  E  Q  T  S  T  A  R  C  O  T  S  I  R  A
D  F  C  G  N  E  L  B  A  D  N  I  W  E  R
I  E  S  N  N  E  H  S  M  K  S  S  U  M  A
A  N  R  D  E  I  M  C  E  R  A  M  I  C  N
C  S  C  E  N  L  K  L  L  R  J  V  P  F  C
X  I  H  I  P  E  O  A  I  E  X  O  Z  U  E
Y  V  B  H  S  U  S  D  O  F  B  M  N  E  R
E  E  S  I  J  O  S  D  N  L  L  H  G  L  K
F  L  U  S  T  E  R  S  O  O  C  U  J  E  P
Y  Y  M  C  Z  F  U  S  G  G  C  H  F  D  I
```

ARISTOCRATS	FLUSTERS	LIBERALS
BALLOONS	FORBEARANCE	MIRRORS
BELCHES	FORMULATED	REWINDABLE
CALENDAR	FUELED	SUPERED
CERAMIC	FULFILMENT	
CLOAKING	GODSENDS	
CONDOLENCES	HALON	
DEFENSIVELY	INCISORS	

Assorted Words 126

```
P  R  L  E  G  I  O  N  N  A  I  R  E  M  O
V  S  W  I  P  E  D  E  T  A  R  E  T  I  L
Q  D  E  T  A  V  I  T  P  A  C  J  K  V  Q
W  Y  M  I  V  L  A  E  M  E  C  E  I  P  V
D  E  S  C  O  H  E  S  I  V  E  N  E  S  S
I  R  L  C  L  Q  C  R  V  L  L  Z  R  V  G
N  B  S  R  E  V  A  C  T  U  A  L  L  Y  E
N  H  L  G  L  B  U  T  H  I  H  M  R  F  R
E  I  W  U  Q  J  G  K  N  E  N  D  H  I  I
R  P  O  Z  D  J  H  Z  I  A  R  G  D  X  A
S  T  J  T  H  G  T  R  S  E  T  U  U  A  T
C  A  V  O  R  T  E  D  H  D  H  U  B  T  R
D  E  T  A  R  E  P  O  O  C  D  S  M  I  I
E  G  N  I  R  R  E  T  N  I  S  I  D  N  C
B  S  M  O  T  N  A  H  P  S  C  K  W  G  S
```

ACTUALLY	COHESIVENESS	MUTANT
ALERTING	COOPERATED	PHANTOMS
AVERS	DINNERS	PIECEMEAL
BLUDGEONS	DISINTERRING	SHEIK
CAPTIVATED	FIXATING	SWIPED
CAUGHT	GERIATRICS	
CAVORTED	ITERATE	
CHERUBIC	LEGIONNAIRE	

Assorted Words 127

J S K C A B R E T R A U Q F O
P K M V P R E S E N T A B L E
A M D A R O G N I N E P O E R
J T S I S E S T A R B O A R D
T W T E S P I M P I N G I N G
Z A G R X H I Z E J R B T U E
Q N O N A E A R T N V O L T O
R J N B I C L R A I K U U O P
E W Q J W Y T P M T R T D U O
O R R J E O E I M O I D R S L
C O J I R Q R V V O N O R L I
C N Z Q S S U S N E C I N E T
U G V I R U S E S O B O O S I
P E P I N T R O D U C E D U C
Y R E S S G R E N O V A T E S

ASPIRATIONS	INTRODUCED	RITZIER
ATTRACTIVE	OOZING	ROWBOAT
CENSUS	OUTDO	STARBOARD
COMPLEXES	PRESENTABLE	TOUSLES
CONVEYING	QUARTERBACKS	VIRUSES
DISHARMONIOUS	RENOVATES	WRONGER
GEOPOLITICS	REOCCUPY	
IMPINGING	REOPENING	

Assorted Words 128

```
C  F  J  E  L  L  Y  F  I  S  H  E  S  N  P
E  O  D  P  P  R  E  P  L  Y  I  N  G  A  O
N  N  L  S  R  P  X  S  T  W  P  N  V  M  L
M  E  S  L  H  O  Y  L  I  R  G  N  U  H  I
A  M  T  L  I  T  S  R  N  R  L  A  Y  K  C
C  O  C  A  A  D  I  T  E  R  E  J  O  S  E
H  O  A  Z  N  V  E  L  H  I  V  C  V  A  W
I  N  T  K  K  G  E  D  A  E  L  N  T  L  O
N  L  O  S  S  J  E  M  E  G  S  L  F  V  M
A  I  G  F  T  C  E  R  E  R  E  E  I  O  A
T  G  P  V  T  E  I  V  P  N  O  M  S  H  N
I  H  R  R  E  E  G  T  A  M  T  C  H  R  C
O  T  O  M  B  S  N  D  P  D  I  Q  E  F  Z
N  E  T  R  U  N  H  E  A  E  E  V  R  M  N
S  D  X  C  S  X  T  G  R  G  S  D  S  T  Z
```

CERISE	GADGETS	POLICEWOMAN
CHILLIER	HUNGRILY	PROSTHESES
COLLIDED	IMPREGNATE	REPLYING
CORED	JELLYFISHES	SALVO
ENSLAVEMENT	MACHINATIONS	SEPTICS
ERECT	MEGALITHS	TOMBS
EVADED	MOONLIGHTED	
FISHERS	OFTENER	

Assorted Words 129

```
L  M  J  R  E  S  U  R  R  E  C  T  E  D  G
S  S  E  N  T  C  E  R  R  O  C  N  I  V  R
E  S  L  M  O  D  K  I  E  H  S  K  H  E  R
I  D  E  E  P  F  I  Q  F  D  W  Q  P  B  A
T  J  F  T  G  E  C  G  N  I  T  F  U  T  M
Q  S  I  S  A  M  T  H  B  S  T  A  B  S  R
E  B  E  N  C  R  E  P  I  G  R  A  M  S  O
N  I  D  L  C  I  T  N  Q  L  F  F  R  B  D
Y  C  R  E  L  I  M  S  X  W  D  C  V  G  D
U  L  N  E  B  A  V  A  U  H  O  L  C  E  I
V  G  N  M  G  M  T  I  R  R  V  E  I  O  N
I  X  A  E  N  N  O  B  L  E  F  N  J  K  G
B  O  F  A  E  X  I  T  L  I  C  C  W  N  E
S  X  M  X  U  U  R  L  N  Z  T  H  R  J  U
R  H  N  N  U  K  Q  B  D  E  D  Y  S  I  K
```

CERAMICS	INCIVILITY	STABS
CHILDLIKE	INCORRECTNESS	TALLEST
CLENCH	LEGMEN	TUFTING
ENNOBLE	LINGERIE	
ENTOMBED	QUEENLY	
EPIGRAMS	RAMRODDING	
FRUSTRATES	RESURRECTED	
GRATIFIES	SHEIKDOM	

Assorted Words 130

```
V  S  H  P  A  R  G  O  N  O  M  Y  K  E  C
G  G  Y  D  T  H  G  U  O  R  W  R  E  V  O
G  N  K  T  E  G  E  S  T  U  R  I  N  G  C
E  N  I  G  I  P  A  V  J  M  S  P  E  R  D
Y  R  I  N  N  R  P  D  G  F  A  E  D  E  R
N  Z  A  T  N  I  E  A  F  L  V  M  M  G  E
F  G  E  S  E  U  N  C  Z  L  V  X  O  I  E
C  O  N  C  E  R  T  I  N  A  I  N  G  M  X
O  D  K  I  G  S  P  S  A  I  E  E  D  E  A
S  U  P  E  R  I  O  R  V  L  S  E  S  N  M
Z  Q  A  C  O  C  K  N  E  Y  P  N  N  T  I
B  Y  H  R  E  S  P  E  L  T  E  M  I  E  N
G  N  I  T  A  N  O  S  E  R  N  V  O  D  E
S  Y  A  L  I  G  H  T  S  S  G  I  Y  C  D
S  S  A  L  I  Q  U  E  U  R  E  D  I  R  F
```

ALIGHTS	INTERPRETING	SAVVIES
COCKNEY	LIQUEURED	STUNNING
COMPLAINING	MONOGRAPHS	SUPERIOR
CONCERTINAING	OVERWROUGHT	ZAPPED
ERASES	REEXAMINED	
GADFLIES	REGIMENTED	
GESTURING	RESONATING	
INSINCERITY	RESPELT	

Assorted Words 131

```
Q U E L A C I H C R A R E I H
R A C Q U E T B A L L G X N N
N T L P B R A S S I E S T X P
P O U F M O F H C N U B R J A
L O I G A R L I C F T X O C R
E A C T G Z S L A T E P V H A
R V W K O E C N C B E U E C P
Z E I F M M D C J R M B R E E
T S S R U A O R M O U S T G T
A Q N T D L R R D W I A S I S
L L P V O R N K P N A V I D W
M A D A W R E E S I I N K D H
D E T S A P E V S E Z L C I M
M S O U N D E R O S Y E B E C
C M N G K G E N I T I V E R X
```

BETCHA	GENITIVE	POCKMARKS
BLIND	GIDDIER	PROMOTION
BRASSIEST	HIERARCHICAL	RACQUETBALL
BROWNIEST	LAWFULNESS	RESTORER
BUNCH	OVERDRIVE	SOUNDER
DIVAN	PARAPETS	TUGGED
EXTROVERTS	PASTED	
GARLIC	PETALS	

Assorted Words 132

```
I  D  Z  B  S  R  S  B  M  U  U  C  E  S  I
N  I  E  E  L  R  A  C  Y  I  Z  U  Y  W  R
V  H  N  L  N  U  E  K  A  T  R  R  F  E  E
E  K  U  U  C  I  E  G  I  L  U  I  L  L  C
S  W  H  M  M  A  L  F  O  N  D  O  O  L  O
T  D  B  L  C  Y  R  E  I  L  G  S  O  I  M
I  G  R  S  C  M  Y  O  P  S  A  I  D  N  M
G  C  O  A  A  O  B  R  I  I  H  T  G  G  E
A  C  W  V  G  K  N  E  E  I  P  Y  A  I  N
T  U  N  D  U  E  E  C  S  N  E  U  T  C  D
O  P  T  E  D  K  R  T  I  T  O  P  E  X  R
R  H  O  D  I  U  M  S  T  E  R  C  S  Q  V
K  E  L  O  H  T  O  P  I  L  R  I  L  J  N
J  T  C  O  R  R  O  D  E  D  E  G  D  A  J
A  K  A  A  J  U  X  T  A  P  O  S  E  E  F
```

BESTRIDE	FLOODGATES	RAKING
BLUEFISH	INVESTIGATOR	RECOMMEND
CATALOGERS	JUXTAPOSE	RHODIUM
CONCIERGE	KETTLES	SCALD
CORRODED	OPTED	SWELLING
CURIOSITY	ORACLED	UNDUE
DISREGARDS	PIPELINE	
FALCONER	POTHOLE	

Assorted Words 133

```
A  L  O  V  E  R  E  S  T  I  M  A  T  E  S
R  S  G  V  A  Y  D  E  T  R  O  P  R  U  P
L  E  N  N  E  S  M  I  R  U  A  S  E  H  T
K  T  K  O  I  R  L  I  H  X  O  F  U  M  D
O  B  S  C  I  M  L  L  I  Z  B  P  A  V  P
O  U  I  E  A  T  R  A  I  J  I  N  O  P  D
K  T  D  H  I  B  E  A  N  H  T  B  V  R  N
A  X  E  E  S  G  E  R  F  D  T  A  O  I  D
B  T  K  L  B  S  N  N  C  M  E  N  C  E  D
U  P  Q  R  R  U  E  I  I  X  R  S  A  S  D
R  S  E  N  N  A  N  L  L  L  E  H  L  T  T
R  Y  A  S  N  U  C  K  E  C  R  E  I  S  B
A  F  R  S  U  E  R  S  I  F  Q  E  C  X  W
S  I  R  D  E  L  P  H  I  N  I  A  S  Y  A
Y  L  L  A  C  I  R  E  N  E  G  L  F  T  T
```

ANTHILLS	FARMING	PURPORTED
BANSHEE	GENERICALLY	SCARLET
BITTERER	KOOKABURRAS	SENNA
CLINGIEST	LIFELESS	SUERS
DEBUNKING	LINEBACKER	THESAURI
DELPHINIA	OVERESTIMATES	UNSAY
DROPOUTS	OVERLAND	VOCALICS
EXCRETIONS	PRIESTS	

Assorted Words 134

```
O  F  O  R  M  U  L  A  T  I  N  G  V  A  T
J  D  B  F  A  D  E  S  O  L  C  E  R  O  F
G  L  B  X  D  E  T  U  B  I  R  T  S  I  D
U  N  S  L  I  A  T  H  S  I  F  D  Q  O  S
E  B  I  F  A  C  O  A  G  U  L  A  N  T  S
G  L  P  Z  X  C  U  R  Y  O  A  W  K  Q  P
E  J  B  O  I  O  K  P  B  J  T  V  A  X  R
U  S  P  A  W  R  V  B  E  A  T  K  H  L  N
N  G  T  J  B  D  O  P  I  N  E  I  T  W  O
O  O  G  R  X  I  E  G  N  R  D  X  U  T  Q
I  M  Q  V  A  O  R  R  E  B  D  S  S  R  E
S  B  S  C  A  N  S  C  Y  T  Z  I  J  N  F
Q  G  A  P  E  S  G  C  S  D  A  T  I  V  E
G  N  I  H  T  I  K  E  H  A  N  C  R  F  R
G  N  I  R  I  M  S  E  S  S  E  R  P  X  E
```

ACCORDIONS	ESTRANGES	KITHING
ASCRIBABLE	EXPRESSES	MIRING
BLACKBIRD	FISHTAILS	POWDERY
BROAD	FLATTED	SCANS
CATEGORIZING	FORECLOSED	UPENDS
COAGULANTS	FORMULATING	
DATIVE	FRUIT	
DISTRIBUTED	GAPES	

Assorted Words 135

```
M  R  D  E  G  G  O  R  F  P  A  E  L  B  U
V  O  P  S  N  A  P  D  R  A  G  O  N  S  N
S  Y  G  S  L  A  N  I  G  R  A  M  K  T  F
H  N  E  R  S  X  T  S  E  I  P  M  U  L  A
C  S  E  R  A  R  M  A  T  C  H  L  E  S  S
S  M  I  T  A  B  O  S  U  C  R  B  G  Q  T
O  O  W  K  T  W  M  T  S  Q  E  A  N  U  E
M  O  R  D  A  I  D  E  I  K  M  S  A  Z  N
E  T  D  L  E  R  M  R  B  S  O  U  S  L  E
T  H  T  C  F  Y  B  S  A  L  O  O  K  I  D
H  E  S  M  L  A  P  A  N  H  V  P  R  A  D
I  R  R  D  F  D  E  L  T  T  I  L  E  B  F
N  J  G  N  I  N  O  I  T  C  N  U  F  D  I
G  G  D  G  E  O  G  R  A  P  H  Y  V  Z  G
S  G  N  I  W  E  K  S  R  E  T  N  E  E  R
```

BATCH	GEOGRAPHY	NAPALMS
BELITTLED	HARDWARE	RAKISH
BROOKS	KUMQUAT	REENTERS
DEPOSITORS	LEAPFROGGED	SKEWING
DISASTERS	LUMPIEST	SMOOTHER
DISSECTS	MARGINALS	SNAPDRAGONS
EMBARGO	MATCHLESS	SOMETHINGS
FUNCTIONING	MITTENS	UNFASTENED

Assorted Words 136

```
H  T  G  N  I  Z  I  L  A  R  E  B  I  L  H
O  Q  I  S  W  Q  J  A  H  S  K  C  I  R  G
M  C  D  E  F  M  I  F  U  B  Y  U  X  B  S
E  T  O  S  M  I  G  G  T  O  L  T  W  J  C
G  R  W  A  M  S  G  S  B  J  H  T  M  L  A
A  S  E  D  U  O  E  U  T  D  F  E  E  J  B
L  T  S  S  E  T  D  Y  R  A  E  R  D  V  B
O  R  T  K  I  T  H  K  S  E  R  S  I  D  I
P  I  E  H  O  A  U  O  I  S  L  K  C  Y  E
O  N  D  A  J  C  R  O  R  E  H  A  S  C  S
L  G  Z  T  S  R  E  P  P  I  H  C  Y  U  T
I  E  L  C  B  E  T  R  P  I  N  S  U  O  M
S  D  H  H  L  S  R  D  C  A  K  G  Y  O  L
E  I  G  N  I  T  E  S  R  A  O  R  D  Q  V
S  T  G  P  O  S  T  H  A  S  T  E  S  I  L
```

APPRAISER	IGNITES	POUTED
CHIPPERS	JIGGED	RICKSHA
COAUTHORING	LIBERALIZING	ROARS
CRESTS	LOYALER	SCABBIEST
CUTTERS	MEDICS	SHEIKDOMS
DREARY	MEGALOPOLISES	STRINGED
FIGURE	MUSKRATS	VOUCH
HATCH	POSTHASTE	WESTED

Assorted Words 137

```
E  Y  M  I  S  T  R  U  S  T  F  U  L  K  I
X  D  N  R  I  C  K  E  T  Y  I  L  G  M  N
D  D  E  P  P  A  R  T  N  E  L  U  I  I  S
V  E  Q  C  S  W  O  L  L  E  M  X  X  L  T
V  M  T  C  K  V  D  S  E  F  S  U  T  Q  A
I  B  I  O  C  H  E  M  I  S  T  R  Y  U  L
M  Y  M  N  O  A  A  R  Q  G  R  I  Z  E  L
A  Z  X  S  S  F  T  N  B  X  I  O  O  T  M
J  G  N  P  J  T  E  A  D  J  P  U  O  O  E
O  S  V  I  I  D  E  R  L  D  S  S  M  A  N
R  N  N  R  A  U  A  R  A  Y  U  L  E  S  T
I  I  L  A  I  C  A  R  C  B  Z  Y  D  T  X
N  S  U  C  G  M  H  I  P  P  I  E  R  S  U
G  J  Q  Y  X  O  R  E  D  H  E  A  D  S  Q
S  T  I  L  E  D  H  S  R  E  L  E  V  E  L
```

BAREFOOTED	HOGANS	MISTRUSTFUL
BIOCHEMISTRY	INSTALLMENT	RACIAL
CATALYZED	LEVELERS	REDHEADS
CONSPIRACY	LUXURIOUSLY	RICKETY
DECKHAND	MAJORING	STILED
ENTRAPPED	MELLOWS	ZOOMED
FILMSTRIPS	MILQUETOASTS	
HIPPIER	MINSTER	

Assorted Words 138

```
Q  V  F  S  S  E  N  I  L  R  E  H  T  O  M
C  U  L  O  T  T  E  L  B  A  R  O  V  A  F
R  H  D  R  B  K  W  P  R  I  M  I  N  G  S
A  U  I  R  E  N  T  R  U  S  T  I  N  G  C
N  M  M  L  A  I  J  C  K  J  C  N  K  C  A
I  I  U  U  D  U  W  V  R  H  R  A  J  M  T
U  D  G  Y  Y  I  G  E  Z  G  U  D  T  V  H
M  I  L  H  N  A  N  A  D  M  E  A  S  O  I
I  F  I  S  F  R  R  G  J  Y  L  C  W  M  N
I  Y  E  E  T  N  E  T  S  I  S  N  O  C  G
G  I  S  M  G  H  O  R  S  E  S  H  O  E  D
G  N  T  Y  Z  M  U  P  M  A  R  C  F  T  E
A  G  Z  E  S  U  O  H  P  O  L  F  S  S  W
S  P  P  S  L  P  H  E  R  O  M  O  N  E  E
R  W  D  E  T  N  E  M  E  R  C  N  I  J  S
```

ASTRAY	DEWIER	MOTHERLINESS
BEADY	ENTRUSTING	PHEROMONE
CHILDING	FAVORABLE	PRIMING
CONSISTENT	FLOPHOUSE	SCATHING
CRAMP	HORSESHOED	UGLIEST
CRANIUM	HUMIDIFYING	WOOFS
CRUELS	INCREMENTED	
CULOTTE	JAGUAR	

Assorted Words 139

```
J  J  I  N  D  I  G  E  N  O  U  S  B  I  I
M  Z  X  R  S  T  E  L  C  R  I  C  V  L  N
A  Z  N  A  G  A  V  A  R  T  X  E  E  I  J
S  U  G  N  I  L  I  N  N  U  C  M  M  B  E
E  M  B  E  L  L  I  S  H  M  E  N  T  E  C
E  Q  E  V  B  C  T  I  M  D  A  E  R  R  T
A  B  X  L  C  U  H  S  I  V  R  E  D  T  I
R  S  I  S  A  A  S  I  M  J  W  O  G  I  N
T  C  D  R  N  B  U  S  C  I  A  T  A  N  G
H  A  Y  D  D  W  O  S  I  K  X  X  M  E  Y
Q  B  L  N  E  C  O  R  E  N  E  K  E  P  Y
U  B  L  K  D  D  A  G  A  W  G  N  T  L  O
A  E  I  Q  A  D  L  G  M  T  A  M  E  P  X
K  D  C  D  I  V  T  A  E  W  E  Y  S  D  X
E  T  O  V  T  U  O  P  B  S  Z  D  S  G  N
```

BALDED	EARTHQUAKE	INDIGENOUS
BIRDCAGES	EARWAX	INJECTING
BUSSING	ELABORATED	LIBERTINE
CAUSEWAYS	EMBELLISHMENT	OUTVOTE
CHICKENED	EXTRAVAGANZA	READMIT
CIRCLETS	GAMETES	SCABBED
CUNNILINGUS	GOWNS	
DERVISH	IDYLLIC	

Assorted Words 140

```
A  K  P  A  W  G  N  I  Z  I  L  A  N  E  P
B  W  L  L  A  U  Q  S  J  C  W  Y  D  S  R
P  Y  L  S  U  O  I  R  A  F  E  N  X  T  O
G  S  C  S  U  L  L  O  M  E  R  U  A  E  C
I  N  D  I  V  I  S  I  B  L  Y  E  H  P  L
C  G  I  P  M  A  E  L  S  T  R  O  M  S  A
U  H  U  S  L  D  E  P  I  R  R  E  V  O  I
C  H  A  R  I  T  Y  S  M  V  O  S  W  N  M
Q  O  G  I  Y  C  A  Z  E  U  M  G  O  O  S
Y  P  E  D  R  L  X  D  I  C  V  D  E  G  A
G  R  M  C  Y  W  Q  E  T  T  N  R  Z  R  W
I  V  O  W  N  H  O  W  I  T  Z  E  R  S  D
K  D  K  V  D  E  M  M  A  R  C  J  C  P  N
C  A  V  Q  A  J  F  U  E  K  G  J  E  I  I
A  Q  M  S  T  S  E  F  I  N  A  M  Q  F  L
```

CHAIRWOMEN	LICENCES	ROGER
CHARITY	MAELSTROMS	SAVORY
CRAMMED	MANIFESTS	SQUALL
EXCISING	MOLLUSCS	STEPSON
FENCE	NEFARIOUSLY	
HOWITZERS	OVERRIPE	
INDIVISIBLY	PENALIZING	
JAMBS	PROCLAIMS	

Assorted Words 141

```
F  M  V  A  J  C  W  B  U  R  Y  R  D  M  W
A  L  T  I  M  E  T  E  R  S  E  I  N  A  Z
B  P  E  D  U  C  A  T  I  O  N  A  L  F  E
S  H  T  U  S  O  F  R  O  N  E  N  E  C  S
E  N  S  G  E  L  B  A  T  N  U  O  C  O  Q
N  E  O  A  O  G  D  Y  T  Q  E  D  Q  N  U
C  J  A  W  L  B  R  E  A  S  T  B  O  N  E
E  V  S  H  I  U  V  R  M  T  E  I  R  I  A
W  H  L  I  D  E  O  S  O  I  E  R  A  V  M
L  O  R  O  K  M  S  G  W  S  J  P  O  E  I
N  O  T  E  W  O  R  T  H  Y  K  O  I  S  S
O  X  X  W  T  H  H  W  A  O  U  N  H  D  H
A  K  Z  D  O  S  Z  D  I  M  P  L  I  N  G
R  H  M  W  U  K  O  E  N  X  D  K  R  R  S
J  Z  G  D  L  L  O  R  M  A  E  T  S  G  M
```

ABSENCE	EDUCATIONAL	SOREST
ALTIMETERS	GOULASH	SQUEAMISH
BETRAYER	KOWTOW	STEAMROLL
BREASTBONE	NOTEWORTHY	TEPID
CONNIVES	RINKS	ZANIES
COUNTABLE	ROSTER	
DEMIJOHNS	SCENE	
DIMPLING	SNOWIEST	

Assorted Words 142

```
G N I T A N R E B I H M Z T V
Q U F N O I S S E F O R P I B
U G K B A N N E R I N G G O K
R G N I D N E C S E D N O C E
G F E F D E C A P S S K C I Y
T N P X O C Y X O P E G Z L B
S J I R P O Y L F F U R G K O
S T O C A R T I N G F N G P A
Z T E V N T E N S S F V B I R
Z U H M O A T S O M I H A W D
B U K G L I H L S T I T E I I
G S E C I E D N I I E L F Z N
A N B S T E H S E N O D I U G
B S H E I K H S K Q G N A N M
R B O Y I S H L Y J Z L Q S G
```

BANNERING	EXPRESSION	OVOIDS
BOYISHLY	FOOTNOTED	PACED
CARTING	GRUFFLY	PRATTLING
CONDESCENDING	HEIGHTS	PROFESSION
DEICES	HELMETS	SHEIKHS
DIGRESSES	HIBERNATING	SMILING
ENHANCING	KEYBOARDING	
EPOXY	MUFTIS	

Assorted Words 143

```
D  E  P  R  O  G  R  A  M  M  E  D  T  T  G
Y  N  S  N  O  I  T  A  N  I  M  U  L  L  I
C  R  Y  U  R  D  S  I  B  D  J  E  K  S  N
R  O  O  F  E  D  O  E  L  P  I  P  I  E  G
P  R  U  T  U  F  S  W  A  F  D  C  V  P  E
R  S  E  R  A  E  G  E  N  P  V  Q  N  I  R
H  E  Y  S  T  V  R  N  D  S  O  Y  S  A  B
A  M  T  G  P  R  A  Z  I  U  T  R  I  V  R
P  A  C  B  N  O  O  L  S  L  T  A  T  L  E
S  N  U  A  U  A  N  O  H  E  B  I  I  U  A
O  U  N  X  N  O  W  D  M  Y  R  B  T  R  D
D  A  E  V  I  C  D  I  E  S  U  U  U  L  S
I  L  V  W  S  V  A  T  N  D  T  G  G  B  A
Z  L  E  N  U  G  Q  N  T  G  S  E  U  I  X
E  Y  N  C  O  N  F  U  S  E  D  L  Y  F  F
```

ALTITUDES	DOWNSTAIRS	RESPONDED
BLANDISHMENTS	FIGURES	RHAPSODIZE
BUBBLING	GINGERBREAD	ROOFED
CANCANS	GNAWING	SEAPORT
CONFUSEDLY	ILLUMINATIONS	SEPIA
COURTROOMS	LAVATORY	UNEVEN
DEPROGRAMMED	MANUALLY	
DOUBTER	RANCID	

Assorted Words 144

```
X  R  B  S  V  S  Y  A  E  G  N  E  V  E  R
R  F  I  D  B  V  N  L  A  R  O  P  R  O  C
R  F  W  X  E  L  P  I  S  T  R  Q  H  U  X
I  L  J  Q  S  U  C  A  K  U  N  X  X  R  S
M  A  E  N  E  F  J  S  P  S  O  A  L  Q  C
P  T  A  R  T  H  R  I  T  I  C  I  N  A  L
A  B  A  K  F  D  R  N  S  E  A  C  X  E  G
N  E  A  Y  X  M  D  G  A  Y  D  N  M  N  T
E  D  M  B  Q  E  C  N  A  R  A  E  P  P  A
L  S  K  C  Y  L  L  I  S  T  D  S  M  K  R
S  K  S  N  A  I  R  A  B  R  A  B  S  O  A
C  O  N  D  E  M  N  I  N  G  M  O  G  A  H
M  U  D  S  L  I  N  G  E  R  S  M  H  T  L
B  E  M  A  N  C  I  P  A  T  O  R  S  W  R
G  C  D  N  B  N  I  N  C  L  O  S  U  R  E
```

ALIASING	CONDEMNING	REVENGE
ANXIOUSLY	CORPORAL	SILLY
APPEARANCE	EMANCIPATORS	SKINS
ARTHRITIC	FLATBEDS	TENANT
ASSAYS	HOMED	
BABYING	IMPANELS	
BARBARIANS	INCLOSURE	
BESET	MUDSLINGERS	

Assorted Words 145

```
V  E  C  N  U  O  L  F  T  H  R  A  L  L  S
V  D  D  G  B  S  V  W  T  N  A  V  R  E  S
H  S  I  W  P  Y  E  E  S  S  A  L  U  H  Q
A  I  M  C  I  E  C  S  R  E  T  S  W  Z  J
L  T  I  O  R  N  T  A  I  P  M  S  V  C  R
L  S  N  H  K  E  D  S  R  H  R  I  A  C  C
U  M  U  E  T  M  T  L  D  E  C  I  G  E  R
C  E  T  S  M  V  Y  S  E  R  T  N  C  E  B
I  L  I  I  L  H  S  I  E  D  A  I  A  E  R
N  L  V  V  Q  Y  S  B  Q  T  G  N  L  R  D
A  I  E  E  C  G  N  I  B  M  O  T  N  E  F
T  E  S  A  H  F  D  A  N  C  E  S  U  I  D
E  R  P  S  R  E  I  N  W  A  R  C  S  I  A
S  E  M  I  T  H  C  N  U  L  B  T  S  H  L
E  N  O  I  T  P  I  R  C  S  N  I  P  J  S
```

BANISHMENT	FRANCHISES	REGIMES
BEASTS	HALLUCINATES	SCRAWNIER
COHESIVE	HULAS	SERVANT
DANCES	INNARDS	SMELLIER
DIMINUTIVE	INSCRIPTION	TESTER
DWINDLED	LITERACY	THRALLS
ENTOMBING	LUNCHTIMES	
FLOUNCE	OVERPRICED	

Assorted Words 146

```
S  A  R  K  F  O  V  U  L  A  T  I  N  G  B
L  R  H  E  R  O  C  S  R  U  O  F  E  F  P
E  S  T  I  R  E  H  N  I  S  I  D  M  S  H
D  T  S  I  X  E  S  N  O  N  S  G  U  L  S
G  I  G  D  X  R  G  D  E  R  E  T  S  O  R
I  Y  Y  N  R  E  E  A  T  N  E  S  E  R  P
N  I  L  C  I  O  T  S  E  I  K  S  E  P  M
G  E  X  M  O  L  C  I  I  Y  I  I  S  B  N
D  E  H  G  U  A  L  N  U  W  B  U  E  E  W
R  E  L  T  S  U  R  I  O  S  R  A  O  G  Q
T  T  S  E  I  M  M  U  H  C  O  A  L  O  Z
I  U  U  J  E  E  B  R  I  C  K  B  A  T  S
T  M  I  Y  C  R  O  U  C  H  E  S  Z  S  H
K  W  F  Y  N  O  H  P  U  E  R  U  P  W  G
U  K  X  L  I  T  A  N  Y  T  A  X  O  L  Q
```

BEGOT	EAGERER	PRESENT
BRICKBATS	EUPHONY	ROSTERED
BROKER	FOURSCORE	RUSTLER
CHILLING	LAUGHED	SLEDGING
CHUMMIEST	LITANY	SLUGS
CONCORD	NONSEXIST	SUITE
CROUCHES	OVULATING	WISER
DISINHERITS	PESKIEST	

Assorted Words 147

```
E  Q  O  A  W  R  S  S  L  N  B  D  L  F  V
K  T  A  O  A  T  E  R  U  E  W  B  X  W  S
R  E  U  E  K  L  R  I  E  L  V  Q  V  W  U
S  E  E  B  S  S  E  A  N  S  L  E  J  H  R
T  B  K  N  I  E  E  M  D  I  U  A  L  J  R
A  D  E  I  S  R  I  Z  W  U  A  O  H  A  E
N  A  J  N  B  E  T  R  I  H  C  R  O  P  A
D  S  U  U  I  G  R  S  A  R  J  E  A  R  L
O  O  L  G  D  T  N  U  I  D  O  U  S  K  I
U  U  T  E  E  T  N  I  L  D  I  H  R  T  S
T  S  P  Z  S  R  H  E  I  I  E  P  T  E  T
S  P  O  O  N  E  D  V  D  X  A  R  A  U  S
M  I  S  G  I  V  I  N  G  O  A  F  T  L  A
K  R  E  S  P  O  N  D  E  D  U  T  H  F  V
Y  P  Z  Y  S  R  E  L  I  A  T  E  R  L  O
```

AUGER	LAPIDARIES	RETAILERS
AUTHORIZES	LEVEL	SPOONED
BIDES	MISGIVING	STANDOUTS
BIKER	PHALLUS	SURREALISTS
DENTINE	PORCH	TAXIING
DIESELS	RAINIER	TRADUCES
FAILURES	REDISTRIBUTE	USERS
KEENS	RESPONDED	

Assorted Words 148

```
Q  R  S  K  C  I  R  E  V  A  M  Y  Q  Q  R
L  U  S  T  E  Y  O  C  A  R  I  N  A  O  E
R  F  A  E  S  C  S  F  K  R  E  D  I  P  S
A  K  O  S  L  E  W  L  L  O  J  X  I  R  T
L  L  G  T  A  B  I  J  E  Y  S  P  U  B  R
A  U  T  H  O  R  I  T  Y  R  S  H  Z  P  I
S  S  N  E  T  A  N  O  S  R  E  P  M  I  C
U  C  K  I  R  K  S  Q  F  O  B  K  E  E  T
M  A  K  L  F  C  L  N  R  K  R  X  C  C  E
M  N  I  S  B  L  A  H  E  D  W  F  I  A  K
E  N  H  L  N  O  I  T  P  M  U  S  S  A  M
R  E  E  Y  L  S  U  O  I  C  O  R  T  A  A
I  R  K  X  G  B  U  R  N  O  U  T  R  Q  F
E  S  B  G  F  H  G  L  U  I  N  G  K  Z  P
R  C  D  D  E  G  G  O  L  Z  A  B  L  F  I
```

ALTERCATION	FROSTIEST	QUASAR
ASSUMPTION	GLUING	RESTRICT
ATROCIOUSLY	IMPERSONATE	SCANNERS
AUTHORITY	KIRKS	SPIDER
BLAHED	LOGGED	SUMMERIER
BURNOUT	MACKERELS	
FLYSPECK	MAVERICKS	
FOIBLES	OCARINA	

Assorted Words 149

R D W G S S E N E S U T B O I
C S S O E S G S G E K E P L N
T Z K O W S S N O Y E L N Y T
H K X D E E T E I T J L K K E
O U V W Z K V A N K S P D Z R
T I D I Y G D A T N C E S G R
S N R L S R N R W I E I R S O
O H E L S T E I A O O E P P G
H G A C Z P C W T W R N K O A
A S M D E T R E E E N C C O T
L K S J O D F E L R N W I D O
E U G D Z W N R W E B O O M R
R N W I E M S I S T S B Y D Y
R K U S N O I T A L U C L A C
P S M C V Z C R E T S Y H S B

BAYONETING	HALER	SELECTS
BREWERY	INDECENT	SHADOWS
CALCULATIONS	INTERROGATORY	SHYSTER
COEDS	KEENNESS	SKUNKS
DOWNWARD	MICROWAVE	TWERPS
DREAMS	OBTUSENESS	
GESTATION	PICKINGS	
GOODWILL	PRESTOS	

Assorted Words 150

T R C P E R S O N A L I Z E D
G N I Y E G O B G N I K O O R
B L A Z S T L U S N O C W V O
R A U F E K A C E S E E H C S
E Y D Q F A X N E U S A G E S
A O C H Q U D N R L Q E H L O
L V X D Y V O L O E D Q E T S
I E W D E B L B T A T N W B W
S R A O E K D H I V G L O E I
T T V R Y D C N C Q E Y A F N
S F R A N X A I A T O P A Z D
S F F A L I P O L T A Z T X L
E D U T I G N O L O S M N Y E
G N I N I H S G Y H R I E K R
S R E T N E C E R I U F N R W

ALTERNATE	LAYOVER	REMATCH
BOGEYING	LEARNING	ROOKING
BOUFFANT	LOADED	SHINING
CHEESECAKE	LONGITUDE	STANDBY
CONSULTS	PERSONALIZED	SWINDLER
EROTICALLY	PILAFFS	TOPAZ
FONDLE	REALISTS	USAGES
FROLICKED	RECENTER	

Assorted Words 151

```
R  D  E  H  P  A  R  G  O  H  T  I  L  X  X
S  E  C  D  E  S  A  L  I  N  A  T  I  N  G
T  E  C  P  Z  K  R  O  R  S  C  E  Y  G  U
G  A  S  O  H  O  L  E  S  Z  A  G  P  K  R
F  H  W  S  R  A  V  K  T  O  L  I  J  F  B
G  R  F  S  O  G  S  G  V  S  L  U  W  S  A
I  N  A  J  L  M  K  P  N  I  I  I  V  O  N
H  Q  I  T  C  A  S  Q  I  I  G  R  S  U  Y
S  U  P  N  E  A  V  K  B  R  R  D  O  L  B
T  Y  G  D  O  R  T  E  C  B  A  I  E  H  A
R  T  E  V  E  I  N  E  L  A  P  T  S  T  C
I  T  D  O  P  T  T  I  G  B  H  D  I  E  D
A  O  C  V  O  A  T  R  Z  O  E  S  T  O  D
G  U  O  W  Y  H  A  U  O  E  R  E  A  G  N
E  T  O  X  I  C  P  N  N  P  S  Y  F  E  G
```

ASPIRATION	GASOHOL	SILOS
CALLIGRAPHERS	GROCER	SLAVE
CATEGORY	LITHOGRAPHED	TOXIC
CHORISTERS	MOSSES	TRIAGE
DESALINATING	NUTTED	URBAN
DESIRING	PHOOEYS	
FEEBLE	PORTIONING	
FRATERNIZES	SHACKS	

Assorted Words 152

```
R  A  L  Y  I  Y  D  E  F  L  U  G  N  E  S
E  S  S  G  S  T  L  A  P  R  A  C  X  M  S
M  S  T  U  C  E  N  T  R  I  F  U  G  E  S
N  G  N  S  O  Q  S  E  N  C  F  U  M  R  X
A  E  R  O  I  I  R  L  D  E  U  F  K  E  G
N  N  L  S  I  R  C  A  U  E  U  K  A  S  J
T  T  H  A  S  T  T  A  T  V  C  L  H  Y  R
F  R  U  G  B  E  A  E  D  I  N  E  F  L  E
A  I  N  V  I  O  L  G  M  N  F  O  R  F  L
L  F  G  M  O  E  R  T  U  O  E  I  C  P  A
L  Y  R  B  J  K  N  A  N  J  T  M  E  R  T
I  I  I  P  R  P  I  K  T  U  N  P  T  S  I
B  N  E  S  C  A  R  D  O  I  O  O  O  V  V
L  G  R  B  M  O  R  A  S  S  N  C  C  R  E
E  T  U  C  O  R  T  C  E  L  E  G  S  L  Z
```

AFFLUENTLY	ENGULFED	OPTOMETRISTS
CARPAL	FALLIBLE	PRECEDENT
CENTRIFUGES	GENTRIFYING	RATIFIES
CONJUGATIONS	HUNGRIER	RELATIVE
CONVULSES	MENDACIOUS	REMNANT
COUNTLESS	MERES	
ELABORATING	MORASS	
ELECTROCUTE	NEIGH	

Puzzle #153

Assorted Words 153

```
F O G C L T D E D U R T O R P
A G O N I Z I N G K I O S K S
O H R O I R S D S Z Z H F X N
C P S U C N T R N M L J E D Z
C E F T A I E E E A I W W I I
U J Q W N D T K M M B L J S M
P O V E N E Q N R O O O S F E
A R S I I F M E A A R O V I Z
T A I G N I C T Q R D A R G Z
I T D H G C V V O U F L B U A
O I E I C I T S I L A E R R N
N V K N W T R L B E L T V E I
C E I G P D N A B M R A O D N
D S C A P R I C I O U S O R E
T J K C H R O N O M E T E R S
```

AGONIZING	DARKENING	OUTWEIGHING
ALLOTMENTS	DEFICIT	PEJORATIVES
ARMBAND	DISFIGURED	PROTRUDED
BANDIT	EQUATORS	REALISTIC
BAROMETRIC	FRANTIC	ROOMERS
CANNING	KIOSKS	SIDEKICK
CAPRICIOUS	MEZZANINES	SLIMS
CHRONOMETERS	OCCUPATION	

Assorted Words 154

```
Y  P  O  P  E  W  G  S  H  U  Z  T  I  P  W
S  D  H  G  U  B  O  N  E  U  N  Y  G  H  W
C  C  N  S  A  T  I  S  I  R  N  V  V  Y  V
R  Y  D  A  A  R  T  R  T  D  U  D  C  L  X
I  N  A  F  H  L  N  I  T  E  A  T  R  A  B
M  O  U  V  F  E  M  I  E  A  R  O  U  E  I
M  P  B  U  T  T  R  E  S  S  I  N  G  F  D
A  T  E  U  B  G  Q  O  L  H  X  D  E  M  J
G  I  R  A  F  F  E  S  F  K  E  T  K  S  V
E  O  S  R  A  N  U  L  L  G  C  D  C  X  T
S  N  P  Q  N  H  O  L  I  S  T  I  C  S  T
I  E  S  R  E  D  L  E  W  V  K  R  F  A  H
F  D  S  Y  S  D  N  O  P  S  E  R  R  O  C
T  S  C  I  R  T  E  M  O  S  I  D  K  B  D
S  K  C  E  N  R  E  H  T  A  E  L  Q  I  K
```

BUTTRESSING	GIRAFFES	OPTIONED
CORRESPOND	GOADING	PHYLAE
DAUBERS	HOLISTIC	PUTTIES
DIATRIBE	HUNDRED	SCRIMMAGES
FICKLE	ISOMETRICS	STERNEST
FOREHAND	LEATHERNECKS	WELDERS
FUTURE	LIVED	
GARNISHED	LUNAR	

Assorted Words 155

```
X  M  D  I  A  L  E  C  T  A  L  P  H  R  O
I  R  E  B  H  G  K  S  J  P  O  S  S  U  M
N  M  M  R  S  D  A  O  L  E  E  R  F  D  R
C  P  A  C  I  E  I  F  S  A  I  N  A  M  S
L  O  G  Y  O  A  D  H  F  F  I  G  J  G  N
I  P  N  Y  T  N  N  U  G  E  O  W  Z  N  I
N  P  E  N  R  I  J  O  D  I  D  U  E  F  P
A  A  T  E  G  P  L  U  I  M  M  S  L  Y  E
T  S  I  J  Y  A  F  I  G  L  G  M  V  L  S
I  G  Z  I  G  N  I  K  C  A  L  B  U  H  Y
O  X  E  R  O  U  S  E  S  O  T  I  O  R  N
N  D  D  C  T  S  E  M  A  T  D  I  B  O  E
S  T  N  E  M  L  I  A  T  R  U  C  O  W  K
F  O  G  G  I  E  R  H  E  A  R  S  I  N  G
Y  F  O  S  S  I  L  I  Z  A  T  I  O  N  S
```

BILLIONAIRE	FOGGIER	MANIAS
BLACKING	FOSSILIZATION	POPPAS
CONJUGATIONS	FOULLY	POSSUM
CURTAILMENTS	FREELOADS	ROUSES
DEMAGNETIZED	GAFFED	SNIPES
DIALECTAL	HEARSING	TAMEST
DOCILITY	IMMURE	
DUDES	INCLINATIONS	

Assorted Words 156

```
P  H  W  S  C  I  R  E  T  S  Y  H  E  T  O
S  E  H  C  T  E  R  T  S  K  C  A  B  R  U
R  S  E  J  P  O  S  T  M  A  R  K  S  E  V
E  L  T  W  G  E  S  T  U  R  E  S  C  C  P
G  S  I  S  S  N  P  L  K  V  I  Q  O  O  R
G  N  D  F  E  T  I  S  H  I  S  T  N  N  O
U  K  I  N  U  I  I  L  J  C  S  Z  C  F  V
L  J  R  S  E  F  M  C  W  M  F  O  U  I  E
P  T  A  E  I  V  X  O  M  A  A  Q  S  G  R
I  B  M  D  B  R  O  C  H  U  R  E  S  U  B
N  L  R  E  E  N  I  T  U  M  C  D  I  R  I
G  R  C  H  I  D  E  S  N  J  I  N  O  E  A
J  S  O  F  T  N  E  S  S  P  C  T  N  Q  L
Y  I  E  L  D  E  D  E  P  S  A  G  S  I  L
D  A  Z  P  A  I  N  F  U  L  L  E  S  T  Y
```

BACKSTRETCHES	GESTURES	PROVERBIALLY
BROCHURES	GULPING	RECONFIGURE
CHIDES	HOMIEST	RISING
CONCUSSIONS	HYSTERICS	SOFTNESS
DRAWLING	JADED	SWEEP
FARCICAL	MUTINEER	VENDS
FETISHIST	PAINFULLEST	YIELDED
GASPED	POSTMARK	

Assorted Words 157

```
H  W  E  B  P  G  N  I  N  O  O  T  A  L  P
P  N  D  G  N  I  H  S  O  N  C  U  O  M  N
S  E  C  R  C  G  F  E  R  U  N  A  W  A  Y
E  U  E  G  I  A  N  F  D  J  J  G  M  L  H
C  R  L  R  A  N  R  I  L  O  R  V  N  B  S
L  H  E  O  A  U  K  O  R  E  N  S  Z  W  Q
U  S  I  S  H  G  C  I  L  E  K  I  G  S  Z
D  F  Q  B  N  O  E  H  N  E  V  C  S  D  U
E  N  P  A  S  E  S  R  E  G  D  A  C  T  W
S  O  I  L  O  F  M  A  G  S  S  D  L  T  S
V  A  R  H  U  Y  B  M  G  Z  T  T  W  A  X
O  Z  B  R  E  W  E  R  I  E  S  M  O  Y  P
Q  T  S  A  M  B  U  L  A  N  C  E  S  T  V
S  L  I  O  B  R  A  P  D  U  N  T  R  U  E
K  D  M  O  S  N  A  H  Y  L  I  K  L  U  S
```

AMBULANCES	GAUCHEST	PIFFLE
BEHIND	HANSOM	PLATOONING
BREWERIES	HEDONISTS	RUNAWAY
CADGERS	IMMENSER	SECLUDES
CAROLED	NOSHING	SULKILY
DRINKINGS	PALAVERING	UNTRUE
FOLIOS	PARBOILS	
GASOHOL	PEERAGE	

Assorted Words 158

```
C  E  D  U  T  I  T  A  L  P  J  O  M  E  M
S  P  S  N  O  T  U  F  A  T  Z  R  Y  E  N
O  I  Q  E  B  I  S  F  E  T  B  G  S  N  X
C  T  R  Q  I  L  N  D  T  W  H  A  T  R  Z
D  H  H  W  H  N  A  V  I  Y  Y  N  I  O  G
L  E  H  E  U  S  O  M  E  M  I  I  Q  L  Y
M  T  R  H  R  R  A  G  E  N  I  Z  U  L  F
E  S  E  E  A  S  E  W  O  W  T  E  E  I  I
F  U  Q  R  V  Z  Z  R  K  M  O  O  O  N  S
R  D  E  D  R  O  C  C  A  C  S  R  R  G  H
A  A  I  G  D  Y  C  W  D  W  A  O  T  S  E
G  N  I  K  O  R  T  S  K  C  A  B  C  H  R
L  E  S  S  E  R  U  C  E  S  W  E  Q  Q  Y
V  A  L  L  E  Y  S  I  G  N  I  R  P  S  Y
R  E  W  A  R  D  E  D  E  L  L  U  T  E  I
```

ACCORDED	EPITHETS	PLATITUDE
AWARER	FISHERY	RAISED
BACKSTROKING	FUTONS	REWARDED
BACKWASH	INVENTORS	SECURES
BLAMEWORTHY	MIDST	SPRING
COSMOGONIES	MYSTIQUE	TULLE
COVERED	ORGANIZE	VALLEYS
ENROLLING	OTHERS	

Assorted Words 159

```
N O I T A T O U Q K I G M P K
I O G L A S S W A R E U L R S
A S T S E G A M I R G L I P T
B F O E E L S C U D S F C K A
X L B L P T Q S W E L R U C C
J G O E A A T N E C S E R C C
A T W C E T D W E A R I E R A
T N E T K D E R E T S A L B T
A X D R W H I F F I N G G O I
F U S I O N O Z Z L E T H Y C
S Q B F A C R U C I F I E S H
S K N I G N I T S U R C E O E
U W P E J S U R G E R I E S A
W Q S D A E L S I M P H W I T
H G R E L U C I D A T I O N S
```

BLASTER	ELECTRIFIED	NOZZLE
BLOCKHOUSE	ELUCIDATIONS	PILGRIMAGES
BOWED	FUSION	QUOTATION
COLISEUM	GLASSWARE	SCUDS
CRESCENT	HEATS	STACCATI
CRUCIFIES	ISOLATE	SURGERIES
CRUSTING	MISLEADS	WEARIER
CURLEWS	NOTEPAD	WHIFFING

Assorted Words 160

```
T  G  Q  M  S  R  U  O  H  A  K  F  S  I  X
X  N  R  S  Q  E  B  C  W  A  M  M  A  N  X
A  C  E  X  E  R  I  P  X  M  R  A  L  C  B
H  Q  N  M  L  L  C  L  A  U  Y  S  I  O  E
N  I  W  A  E  D  K  E  Z  T  O  Q  N  N  V
P  Y  J  C  M  C  E  C  L  Z  T  U  E  G  B
R  R  L  E  W  E  R  L  A  A  I  E  S  R  E
E  D  E  T  T  D  S  O  A  T  M  R  D  U  S
M  O  E  S  S  U  E  R  F  O  R  A  G  I  T
A  A  Q  T  I  E  C  R  O  N  F  D  T  T  S
T  P  V  O  I  D  D  E  E  H  E  E  N  I  E
C  F  K  R  W  C  I  O  S  B  T  S  C  E  L
H  A  B  Y  J  C  E  N  M  R  B  N  H  S  L
S  N  O  O  C  C  A  R  G  M  E  I  L  O  E
Z  G  N  I  B  I  R  C  S  N  I  P  G  N  R
```

BESTSELLER	IMMODESTLY	RECITED
BICKERS	INCONGRUITIES	REMATCH
ENFORCEMENT	INSCRIBING	SALINES
FOALED	MASQUERADES	TACKLES
GIBBERED	PATTED	TAMALE
GRIZZLIES	PERSECUTE	
HORSEMAN	PRESIDING	
HOURS	RACCOONS	

Assorted Words 161

```
C  D  G  E  E  R  S  E  R  V  I  C  I  N  G
O  O  E  T  R  L  E  Q  Q  O  C  D  S  S  P
N  C  P  S  R  U  B  L  U  M  V  A  T  I  H
S  K  E  S  I  K  T  A  A  I  A  O  A  R  I
E  S  R  B  W  R  A  C  V  Y  R  R  R  L  L
Q  V  M  B  O  B  A  D  A  I  I  T  E  O  O
U  C  I  H  O  F  R  B  E  F  G  N  D  I  S
E  V  N  C  A  M  F  I  I  T  U  R  G  N  O
N  G  G  S  T  Y  S  A  M  L  T  N  O  A  P
C  E  R  E  E  S  S  E  L  M  I  A  A  F  H
E  A  E  I  P  H  G  E  L  J  I  T  L  M  I
X  A  C  R  D  X  S  S  E  D  X  N  Y  F  Z
O  E  Z  P  C  H  Y  U  M  D  N  Q  G  D  E
S  F  A  J  D  S  V  P  T  J  M  A  J  S  S
P  E  R  S  P  E  C  T  I  V  E  S  D  M  O
```

AIMLESS	FLATTED	RELAYING
BRIMMING	FORGIVABLE	SCREEN
CONSEQUENCE	HAYSEED	SERVICING
DANDLES	MANUFACTURE	SIRLOIN
DESIRABILITY	OFFAL	SQUIRT
DIRGE	PERMING	STARED
DOCKS	PERSPECTIVES	TUSHES
EVICTS	PHILOSOPHIZES	

Assorted Words 162

```
R  U  J  D  N  E  U  N  I  M  I  K  C  A  O
Z  T  N  E  L  O  S  N  I  E  L  C  L  V  Y
P  S  E  S  O  P  R  E  T  N  I  O  I  E  H
U  T  E  M  M  U  L  P  I  A  M  N  C  N  Y
S  H  O  O  P  C  K  M  K  C  P  N  K  G  P
Z  V  W  P  H  E  A  V  E  E  N  O  I  E  E
D  D  F  Y  K  S  S  A  V  P  E  T  N  R  R
Z  R  S  X  L  S  Y  E  D  K  S  A  G  R  A
X  B  A  L  L  I  S  T  I  C  S  T  F  U  C
K  Q  V  O  Q  O  M  P  L  R  H  I  L  Q  T
X  M  E  S  B  N  Z  A  G  A  D  O  A  F  I
G  D  R  D  N  P  O  R  F  J  U  N  K  O  V
B  Y  R  N  F  M  A  L  I  C  E  S  W  O  E
S  R  E  C  O  R  G  L  N  O  I  T  A  R  S
O  R  D  H  T  H  P  T  C  X  I  M  K  C  N
```

AVENGER	DRIES	MALICE
AVERRED	FAMILY	MENACE
BALLISTIC	GROCERS	MINUEND
CASUALTY	HEAVE	PLUMMET
CESSION	HYPERACTIVES	POOHS
CLAPBOARD	INSOLENT	RATION
CLICKING	INTERPOSES	
CONNOTATIONS	LIMPNESS	

Assorted Words 163

```
V T E S E A P L A N E I I M S
N K Y Z I T B D H C T Q N I H
E V E R G L A D E H C J S N O
N G W H P I L R C Q P L T I O
O P I T O W N E E H H U A M E
I O T E K R F V G D P E N I D
S O N R N C S R E I E N C Z M
I I E T H T B E O S B F E E P
L L S M S Y H R P S T L N S R
Y F S P D E M R I L T O E O I
B I E F C N R N O G A Y R V C
P E S R M Q W U E N A Y E H K
M L O M G N P C O D I N G Y S
N D M U M I X A M D W N D I B
H Q H T S I R O T O M P G S N
```

ACCLAIM	FROSTY	MOTORIST
BRIGANDS	HORSEPLAY	NOISILY
CODING	HYMNED	OILFIELD
CONFEDERATE	ILLEGIBLE	PRICKS
DOUREST	INSTANCE	SEAPLANE
ENTHRONING	INVESTOR	SHOOED
EVERGLADE	MAXIMUM	
EYEWITNESSES	MINIMIZES	

Assorted Words 164

```
V R S E T A N E G O R D Y H J
P W E E C Z U O R K E R S H N
L Z H P T S L N E I G E T S O
U S D D T A K W L D A C E L N
B A E S E I M C Q N R E X O N
R L S O T T L I O A D S T U E
I C O S N C A I T P C S R C G
E K U C U I E T A I S I E H O
F M S S K M M L I N G V M I T
E I I B T H P O L G W E E N I
R R N D M O O T D O O S L G A
D Z T I I U M U I N C C Y X B
G A A N S I H I S O Y D B A L
Z G K C H U T T Z E N Z F X E
S U E C R U E L L E S T N K I
```

ASSUMPTION	EXTREMELY	RECESSIVES
BLOCKHOUSES	FINIS	REGARD
BRIEFER	HYDROGENATE	REPTILIAN
COGITATED	INTAKE	SLOUCHING
COLLECTS	KIDNAPING	THUMBS
CRUELLEST	LEGITIMATES	
CUSTOMIZE	NONNEGOTIABLE	
DOMINOES	POCKS	

Assorted Words 165

```
D T O P L E S S B B T T U R D
G E E S E Z I T P A B I H M N
S L L E H S G G E J W L N T K
G A J D O T O G G L E D X Z O
P N N Q N D I S S E R V I C E
S K I A W I B R O O M F U L S
Y E J T S G W T E R R I F Y Y
C I R F U W N D V I K R F H Q
H S N O I T C I R T S N O C Z
I D K D C R I D E E M S Z E M
A M W Y O G R T E U I V A P G
T W Y G J R L I S M L M K R L
R Y Q H R A S X N O M B A D G
Y R U H T E C E Y G R E Q G C
S G N I L L I K D I G P H X N
```

BAPTIZES	FIRRING	ROOMFULS
BAWDILY	GAMIER	SKYJACK
BLUEING	GRASSIER	TERRIFY
CONSTRICTIONS	HEMMED	THYMI
CORES	INDORSED	TOGGLED
DISSERVICE	KILLINGS	TOPLESS
DWINDLED	PROSTITUTING	
EGGSHELLS	PSYCHIATRY	

Assorted Words 166

```
S E S R E M M I N U R I N G L
S G H B O G N I L E E K V K P
G D A Z Z L E N O T E L E K S
T S N O I T A R U J D A T A G
S B E A T I T U D E S P A R K
S E Y Y G O L O T N O R E G H
K W A G O U D I S A B L I N G
E G G T O T S E H C R A L Q P
T R B V E N R I T C E J B O T
C A S C A D E F Y L R E T T U
H M E N O S U O R T A L O D I
I M W X P Z G N I L B M A H S
E E U X T N E R E V E R R I P
R S M C M R C O N F A B B E D
I P G N I T A R E M U N E T K
```

ADJURATIONS	ENUMERATING	KEELING
BEATITUDES	EXTRA	LARCHES
BYGONE	GERONTOLOGY	OBJECT
CASCADE	GRAMMES	SEATED
CHILI	IDOLATROUS	SHAMBLING
CONFABBED	IMMERSES	SKELETON
DAZZLE	INURING	SKETCHIER
DISABLING	IRREVERENT	SPARK

Assorted Words 167

```
N  Q  S  R  U  E  N  E  R  P  E  R  T  N  E
A  W  S  B  G  H  L  M  I  S  S  I  O  N  S
T  G  C  E  A  N  E  Y  V  D  D  B  G  G  R
I  G  C  I  I  N  I  T  L  D  E  W  O  M  H
O  U  B  O  N  F  E  V  A  M  A  T  Q  A  O
N  I  D  X  L  E  I  F  I  C  E  E  N  S  M
A  L  S  E  S  O  G  T  U  L  I  E  L  A  B
L  T  Q  S  T  N  N  O  N  L  N  N  S  C  O
I  X  U  Q  Z  I  O  I  N  E  L  O  R  R  I
S  C  A  I  W  G  M  R  A  I  D  E  N  O  D
M  H  D  S  P  O  N  A  E  L  C  I  S  S  F
D  E  Z  E  P  A  R  T  N  H  I  R  S  T  G
R  E  G  A  R  O  F  D  T  Y  X  S  A  I  H
D  E  T  A  C  I  N  R  O  F  D  C  T  C  M
I  E  D  O  L  E  F  U  L  L  Y  A  P  L  U
```

ACROSTIC	ENTREPRENEURS	MOWED
ANTED	FORAGER	NATIONALISM
BANEFULLEST	FORNICATE	NONLIVING
CARCINOGENIC	FORNICATED	RHOMBOID
CLEAN	GUILT	SEEMLY
COLONIALIST	HERONS	SQUAD
DOLEFULLY	MISIDENTIFIES	TRAPEZED
DYNAMITED	MISSIONS	

Assorted Words 168

```
S E L D D U H D I L O S H Y T
U B V L N H T I A F R E T N I
Y C E L A U D T A I N T Q P Y
L U H T O G R A C E F U L E U
F A C H A R M E R S T P D R L
G K R G Q L T F G O B K N C N
R N N B A B P N I U O M D E A
E Q I U O R U T O S L D J P P
F R T N Z A R T S C S V N T P
L D P R A K R O L A T S M I R
E X E M A E A D T E E Y I B E
C W I K V W M O S T R R W L H
T D E T A C H A B L E S B E E
O Z W P W F R T N H D S F X N
R B I E X C L A M A T I O N D
```

APPREHEND	FAKED	MEANING
BOLSTERED	GARROTTES	PERCEPTIBLE
BREASTPLATE	GERUND	REFLECTOR
BUTLERS	GRACEFUL	SOLID
CHARMERS	HUDDLES	TAINT
CONTROL	INDOOR	THWART
DETACHABLE	INTERFAITH	
EXCLAMATION	LARBOARDS	

Assorted Words 169

```
W  P  R  E  C  A  R  I  O  U  S  L  Y  Q  V
G  N  S  S  E  L  T  U  G  S  U  N  K  E  N
D  N  L  N  E  C  R  O  M  A  N  C  E  R  S
O  I  I  U  O  C  P  R  O  S  P  E  C  T  J
N  S  S  N  O  I  I  Y  E  T  O  M  O  R  P
O  Q  T  C  N  S  T  T  L  Y  S  B  N  U  M
M  G  E  B  R  A  T  A  S  N  V  T  W  D  Y
A  Y  N  T  T  I  C  F  L  I  M  M  R  K  V
T  P  S  I  S  C  M  S  I  O  R  E  Z  A  I
O  X  A  F  T  R  H  I  K  L  S  U  L  U  W
P  V  F  R  L  T  E  I  N  T  E  N  T  O  J
O  V  P  J  F  A  O  N  S  A  P  C  O  U  S
E  K  A  P  S  A  S  N  E  E  T  N  A  C  F
I  M  C  F  H  N  I  K  K  P  L  E  Y  F  D
C  F  C  S  T  A  R  T  S  H  O  S  S  Z  C
```

CANTEENS	KNOTTING	PROSPECT
CHISELS	LISTENS	SCANNING
CONSOLATIONS	NECROMANCERS	SOLEMNLY
DISCRIMINATES	ONOMATOPOEIC	SPAKE
FACELIFTS	OPENERS	STARTS
FLASK	PARFAIT	SUNKEN
FUTURISTIC	PRECARIOUSLY	WARTS
GUTLESS	PROMOTE	

Assorted Words 170

```
A  T  C  N  A  S  R  E  T  T  I  R  F  H  B
Q  F  N  L  O  Y  E  M  U  N  I  R  E  J  V
F  E  P  S  A  I  L  R  E  R  A  W  A  M  I
U  U  L  A  K  T  T  L  U  C  M  L  L  X  N
D  D  N  B  T  I  N  A  U  T  E  R  O  Z  N
W  O  F  G  A  T  N  E  D  F  S  Y  F  O  O
S  Z  R  S  A  D  I  T  M  N  T  A  K  H  C
M  N  U  G  H  L  N  N  A  N  E  E  P  O  U
F  E  R  R  E  T  S  A  G  E  R  M  R  X  O
U  W  U  O  G  X  U  Q  P  N  B  E  M  F  U
O  D  N  U  H  F  B  M  G  X  I  R  V  O  S
S  L  A  V  E  R  S  B  I  D  E  D  J  O  C
O  C  C  L  U  S  I  O  N  Z  G  T  I  O  G
H  M  M  U  L  T  I  P  L  Y  A  D  L  L  V
N  O  I  T  A  N  I  C  U  L  L  A  H  T  G
```

AWARER	FRETFULLY	MULTIPLY
AZIMUTHS	FRITTERS	OCCLUSION
BEATNIKS	FUNGALS	PASTURES
BIDED	GLIDING	PATTING
COMMENDATION	GOVERNMENTAL	SANCTA
COOLANT	HALLUCINATION	SLAVERS
EXPANDABLE	HORNS	
FERRETS	INNOCUOUS	

Assorted Words 171

```
M  W  N  B  A  S  G  E  Q  X  R  D  V  P  G
N  Y  S  E  P  C  N  I  O  G  F  C  E  L  A
E  P  U  L  S  E  Z  O  D  A  I  Y  Q  A  S
G  R  N  O  R  I  I  F  I  D  N  D  N  C  T
L  E  R  S  R  E  C  E  P  T  I  O  N  A  R
I  S  I  C  X  Y  U  R  G  D  C  L  D  R  O
G  I  S  D  T  U  R  R  E  R  K  N  Y  D  N
E  D  I  E  P  S  I  D  O  X  I  C  U  A  O
N  E  N  E  R  Q  E  K  E  T  E  O  D  F  M
C  N  G  I  P  G  S  M  R  S  R  C  M  D  I
E  T  W  P  R  O  N  E  L  U  O  O  D  V  C
Z  S  J  J  L  N  O  I  T  A  T  O  N  N  A
M  O  N  O  G  R  A  M  S  D  C  N  M  Q  L
F  X  A  T  T  I  N  S  E  T  T  E  D  A  O
U  N  T  R  U  T  H  U  M  P  E  D  B  T  V
```

ANNOTATION	GIDDILY	PRONE
CALMEST	HUMPED	RECEPTION
COCOONED	INGRESS	SUNRISING
CURIES	INSETTED	UNTRUTH
EXERCISE	MONOGRAMS	VAMOOSED
FINICKIER	NEGLIGENCE	
FUNCTIONS	PLACARD	
GASTRONOMICAL	PRESIDENTS	

Assorted Words 172

```
D  I  N  A  R  T  I  C  U  L  A  T  E  Q  P
A  E  G  N  I  W  O  L  L  I  P  O  O  S  R
N  R  B  D  M  E  T  R  O  M  T  S  O  P  O
D  L  C  R  O  S  S  E  S  T  T  T  T  R  F
L  H  P  J  A  M  S  I  R  A  H  C  H  E  I
E  D  B  T  I  B  F  V  N  H  B  Y  E  C  T
S  S  E  N  E  V  I  T  C  E  F  F  E  E  A
E  H  K  I  O  O  Z  O  J  U  S  G  S  D  B
S  T  S  R  X  O  Z  F  X  O  O  W  M  I  I
H  L  A  G  S  L  E  E  H  W  Y  L  F  N  L
A  L  R  E  S  I  S  T  E  R  H  R  F  G  I
R  O  V  E  R  T  O  N  E  S  A  I  I  L  T
P  X  Y  L  E  U  Q  I  L  B  O  L  L  D  Y
E  S  U  O  H  Y  A  L  P  K  F  T  I  E  E
N  E  J  F  L  O  W  L  I  E  S  T  C  S  S
```

BARBED	JOYRIDE	PRECEDING
CHARISMA	LAUREATE	PROFITABILITY
CROSSEST	LOWLIEST	RESISTER
DANDLES	OBLIQUELY	SHARPEN
EFFECTIVENESS	OVERTONES	WHILES
FIZZES	PILLOWING	
FLYWHEELS	PLAYHOUSE	
INARTICULATE	POSTMORTEM	

Assorted Words 173

```
R  D  E  T  A  C  I  D  E  D  N  S  H  C  R
B  E  R  J  B  A  L  C  O  N  I  E  S  B  S
P  G  T  A  R  A  M  L  O  A  U  W  N  T  U
C  U  N  S  O  E  R  A  A  W  N  C  X  O  P
J  P  F  I  P  B  T  E  W  L  N  Y  U  P  P
O  L  S  F  C  M  P  H  F  Z  E  I  B  M  L
O  B  C  Z  I  N  U  I  G  O  O  R  C  Z  I
M  G  I  F  B  N  I  D  L  I  O  H  I  K  E
G  L  A  Z  E  D  T  M  M  C  F  T  S  F  S
H  L  Y  W  Q  E  I  C  O  S  T  L  I  E  R
D  I  S  Q  U  A  L  I  F  I  E  S  L  Q  R
F  B  S  R  E  N  O  S  I  O  P  L  P  U  E
L  D  E  G  D  U  L  S  H  T  U  M  S  I  B
Y  L  B  I  C  N  I  V  N  I  I  I  G  M  X
I  X  H  E  L  B  A  C  O  V  E  R  R  I  L
```

BALCONIES	DISQUALIFIES	MINCING
BAREFOOT	DUMPSTER	POISONERS
BISMUTH	FEELS	PUFFIN
BULLFIGHTER	FIREWALL	SLUDGED
CLIPBOARD	GLAZED	SUPPLIES
COSTLIER	INVINCIBLY	
COWLICKS	IRREVOCABLE	
DEDICATED	MATZOHS	

Assorted Words 174

```
S  S  E  G  A  B  N  N  E  V  K  T  C  P  R
N  W  L  L  N  N  A  I  T  V  R  H  J  L  W
E  S  E  A  B  I  N  S  A  S  F  J  H  U  F
Q  C  V  G  C  A  N  D  E  D  U  C  I  N  G
S  F  A  B  S  I  H  R  Y  B  R  G  J  G  I
H  F  T  L  A  B  D  T  E  F  O  O  I  E  D
A  Z  O  G  P  C  R  E  A  V  I  A  N  D  E
D  I  R  O  O  T  K  O  M  E  O  T  R  V  A
O  A  S  C  R  B  E  H  T  R  R  G  R  D  L
W  M  D  E  Z  P  B  K  A  I  E  B  S  O  S
S  B  C  R  F  J  E  L  R  N  D  P  Q  I  M
K  I  D  D  O  E  S  R  E  A  D  E  S  Z  M
P  C  T  C  S  D  D  U  I  D  M  I  R  E  D
S  E  T  I  B  R  E  V  O  F  R  R  N  C  V
W  Q  Z  B  J  O  U  R  N  E  Y  E  D  G  A
```

BACKHANDING	IAMBIC	ORDAIN
BASEBOARDS	IDEALS	OVERBITES
BREATHABLE	JOURNEYED	PLUNGED
CREDITOR	KIDDOES	SHADOWS
DEDUCING	MARKETPLACE	VESPER
ELEVATORS	MEDICALS	
FIREPROOFS	MISGOVERNING	
GOBBLED	MORTIFY	

Assorted Words 175

```
C  D  E  C  E  N  T  R  A  L  I  Z  E  D  V
R  T  B  M  C  W  L  A  C  I  T  I  L  O  P
E  R  I  P  I  Q  P  T  S  E  I  R  I  W  C
O  E  E  M  P  D  S  O  N  E  R  V  M  S  W
C  M  P  P  P  R  R  Y  T  U  H  X  I  S  C
C  I  K  D  U  E  Z  I  A  A  I  C  O  H  D
U  S  E  L  R  B  R  R  F  W  S  W  T  E  G
P  S  X  H  A  N  L  T  E  F  A  H  C  A  D
I  I  A  U  A  L  G  I  I  P  S  E  J  F  H
E  O  E  C  C  W  V  C  C  N  S  Z  D  Z  O
D  N  D  E  H  C  N  U  M  A  E  A  F  I  C
U  S  R  E  P  A  E  R  Y  V  N  N  J  G  H
F  L  A  W  L  E  S  S  L  Y  T  S  T  Q  Q
E  D  U  C  A  B  L  E  S  T  E  W  R  L  Z
A  R  T  S  O  R  V  D  E  L  D  A  R  C  Y
```

ASSENTED	HIDEAWAY	REMISSIONS
CRADLED	IMPERTINENTLY	REOCCUPIED
CURSED	JASPER	REPUBLICANS
DACHA	MIDRIFFS	ROSTRA
DECENTRALIZED	MUNCHED	SHEAF
EDUCABLES	POLITICAL	WIRIEST
FLAWLESSLY	POTASH	
HATCHES	REAPERS	

Assorted Words 176

```
A  P  G  Y  L  S  S  E  L  H  T  A  E  R  B
H  P  T  N  S  T  N  A  N  E  T  U  E  I  L
A  M  P  J  I  K  G  V  H  T  J  V  J  Y  C
N  I  W  E  V  R  Z  R  W  T  J  O  Y  L  O
D  S  M  R  N  N  E  D  I  F  Y  I  N  G  N
W  S  B  P  G  D  F  E  E  D  K  X  Q  S  D
R  I  A  T  O  N  A  L  N  T  D  J  B  P  I
I  O  Y  X  P  R  I  G  N  A  O  L  U  U  T
T  N  I  Z  D  I  T  H  E  R  C  I  E  R  I
I  A  N  L  W  F  A  U  S  S  E  C  R  T  O
N  R  G  V  I  H  I  A  N  I  M  T  U  S  N
G  Y  S  E  X  I  E  S  T  E  N  D  S  B  A
E  L  L  I  P  T  I  C  A  L  S  R  X  I  L
W  O  T  T  E  R  B  I  L  U  N  A  U  N  C
D  E  C  S  E  L  A  V  N  O  C  T  B  B  L
```

APPENDAGES	CONVALESCED	MISSIONARY
ATONAL	EDIFYING	RIOTED
BAYING	ELLIPTICAL	SEXIEST
BREATHLESSLY	GRIDDLE	SPURTS
BUCCANEERING	HANDWRITING	
BURNISHING	IMPORTUNES	
CISTERN	LIBRETTO	
CONDITIONAL	LIEUTENANTS	

Assorted Words 177

```
P  R  S  T  V  R  P  Y  T  I  N  U  M  M  I
N  P  M  J  S  D  E  R  B  N  I  D  T  G  A
W  H  Z  E  Z  I  N  R  E  T  A  R  F  U  F
S  T  F  A  R  D  S  U  F  F  U  S  I  O  N
N  Y  M  F  R  E  E  L  O  A  D  E  D  Q  M
I  Y  L  E  T  A  R  U  D  B  O  V  G  B  I
G  P  J  P  M  D  M  R  P  M  G  Z  R  Z  N
H  H  O  O  W  B  U  Y  E  Y  Q  O  V  T  I
T  D  C  B  U  S  E  D  A  F  H  I  F  Q  S
C  S  T  N  I  O  P  R  E  T  N  U  O  C  T
A  D  N  D  U  F  C  E  S  S  P  O  O  L  E
P  Z  N  P  T  R  U  C  K  I  N  G  C  G  R
S  Y  G  N  I  H  C  A  O  R  C  N  E  O  I
O  I  R  Q  B  M  O  C  Y  E  N  O  H  W  A
Q  L  A  T  A  M  O  H  P  M  Y  L  B  T  L
```

CESSPOOL	FRATERNIZE	NIGHTCAPS
CONFERRER	FREELOADED	OBDURATELY
COUNTERPOINTS	HONEYCOMB	SUFFUSION
CRUNCH	IMMUNITY	TRUCKING
DRAFTS	INBREDS	
ENCROACHING	LYMPHOMATA	
FADES	MEMBER	
FOGBOUND	MINISTERIAL	

Assorted Words 178

```
R  C  I  E  X  T  R  A  D  I  T  I  O  N  S
E  E  R  W  E  X  P  L  I  C  A  T  E  S  P
G  D  P  O  F  F  X  B  G  O  N  C  R  T  J
W  N  U  P  T  S  J  V  S  N  D  I  F  A  E
G  N  I  L  I  A  E  Y  B  F  I  S  L  W  W
U  M  S  O  E  R  C  L  O  D  V  Z  L  G  E
X  U  G  S  D  R  T  I  U  R  O  V  U  C  L
T  A  U  N  T  S  P  S  L  C  T  W  F  F  L
G  A  B  A  R  D  I  N  E  P  S  S  L  L  E
G  U  J  G  K  A  N  M  V  I  U  U  E  C  R
P  E  L  I  C  A  N  S  A  T  P  D  N  D  S
D  T  L  P  S  L  A  E  R  E  C  M  Z  I  L
S  E  I  P  P  E  R  P  D  J  R  N  A  S  M
H  S  I  B  R  U  F  P  S  T  F  M  W  C  P
W  L  C  T  Q  S  S  K  N  U  M  P  I  H  C
```

BOULEVARDS	EXTRADITIONS	PRELUDE
CAMPIEST	FURBISH	PREPPIES
CEREALS	FUZING	STRIPPER
CHIPMUNKS	GABARDINE	TAUNTS
DESTROY	JEWELLERS	
DIVOTS	MINUSCULES	
DUPLICATOR	MISDOING	
EXPLICATES	PELICANS	

Assorted Words 179

```
P X N M W A S H O R E A K K Y
O E T A U T C E F F E L E M Q
L R O T O R G S T V K B P I U
L P U Z Y Z E I D A O A I S I
I S D S G L F L M F B P K C C
N Y S E T N Q Z L P N E E U K
A C J Z H I I C I O R D D I I
T H A S O T E R C O R I B N E
I O B L E L A R E E J T S G S
N L Y E F I D E B B I J N O S
G O U S O D N T U R B M U O N
J G N X K P B O V Q A I M N C
L I A I S E D E B B E W G O M
G E N E A L O G I E S B L P M
D S G D I A G R A M M A T I C
```

ASHORE	GIBBERING	PSYCHOLOGIES
BEQUEATHED	IMPRISON	QUICKIES
CONTROLLER	JIBBED	ROTOR
DEBATES	LIAISED	RUSTIER
DIAGRAMMATIC	MISCUING	WEBBED
EBONIES	MOMMIE	
EFFECTUATE	PIKED	
GENEALOGIES	POLLINATING	

Assorted Words 180

```
Y  V  B  D  U  F  F  E  R  Y  G  Z  S  C  C
P  G  S  W  A  R  D  R  E  V  O  I  R  C  N
N  A  O  X  S  Z  Z  W  N  L  U  N  Z  A  S
Y  F  P  S  H  E  Z  S  V  A  T  C  U  R  N
H  R  L  P  L  C  C  L  T  G  I  S  T  P  O
S  S  A  W  E  A  G  N  I  R  E  D  R  O  B
A  E  T  I  C  A  M  N  A  N  R  B  Q  R  B
T  R  I  E  D  O  R  I  I  D  G  A  F  T  I
E  E  C  F  L  N  S  A  X  L  N  P  I  D  S
E  D  J  H  E  L  E  T  N  A  O  U  C  G  H
T  N  J  T  A  R  A  C  U  C  M  J  B  T  Q
H  E  N  M  V  I  A  B  N  M  E  E  A  A  X
E  C  H  S  J  U  C  R  Q  I  I  G  K  C  L
S  K  F  I  L  L  I  P  E  D  G  N  W  Q  E
P  E  G  N  I  T  H  G  U  A  R  F  G  E  M
```

ABUNDANCES	DAZZLING	RAREFIES
APPEARANCE	DUFFER	REDNECK
ARCHAIC	FILLIPED	SNOBBISH
BALLETS	FRAUGHTING	TEETHES
BORDERING	GOUTIER	ZINCS
CAJOLING	INCENDIARY	
CARPORT	MAXIMALS	
COSTUMING	OVERDRAWS	

Assorted Words 181

```
P  S  C  I  R  E  H  P  S  O  M  T  A  G  F
G  I  O  H  W  F  D  P  U  E  E  M  V  F  O
X  Y  N  I  F  E  R  E  I  L  N  A  M  H  X
S  N  S  D  Y  L  D  W  E  L  H  E  N  B  T
M  A  C  E  G  C  O  R  D  I  A  L  L  Y  R
E  I  R  A  C  N  E  Y  R  C  N  C  S  K  O
S  L  I  W  K  B  I  W  M  A  C  G  T  O  T
S  I  P  A  T  T  G  T  X  T  E  K  O  W  T
A  N  T  Y  T  Z  H  X  E  T  V  F  O  T  I
G  G  I  S  U  D  T  Z  Y  L  P  D  G  O  N
E  W  N  O  P  I  Q  K  T  E  L  P  E  W  G
A  O  G  E  J  L  A  K  I  N  G  I  S  I  N
F  A  L  C  O  N  E  R  S  Y  Z  J  B  N  C
L  Z  A  W  B  S  E  S  S  E  D  D  O  G  T
H  P  S  S  E  N  L  U  F  T  E  G  R  O  F
```

ATMOSPHERICS	ENJOIN	LEWDLY
BILLETING	FALCONERS	MANLIER
CALIPH	FORGETFULNESS	MESSAGE
CATTLE	FOXTROTTING	NAILING
CONSCRIPTING	GODDESSES	STOOGES
CORDIALLY	HIDEAWAYS	
EIGHT	KOWTOWING	
ENHANCE	LAKING	

Assorted Words 182

```
T  V  T  W  Y  M  A  C  R  O  C  O  S  M  S
O  I  S  X  N  E  F  O  R  P  U  B  I  A  P
F  A  E  Z  I  S  E  H  T  O  P  Y  H  L  R
F  N  D  E  C  R  O  F  W  G  S  Z  G  T  I
I  D  K  I  S  F  Q  U  E  A  U  N  R  R  O
E  S  C  B  F  T  L  A  N  B  R  U  I  E  R
S  B  O  R  O  F  N  S  T  L  V  R  P  A  I
D  R  S  N  C  X  U  E  Y  E  I  T  O  T  T
L  A  P  H  O  R  I  S  M  S  V  U  S  S  I
A  V  O  G  U  I  W  N  E  I  E  R  T  U  Z
X  U  N  A  I  Y  T  G  G  D  D  I  E  P  E
L  R  S  M  U  I  N  U  T  P  E  N  S  T  S
Y  A  O  T  O  R  U  W  L  M  M  G  O  R  Z
C  Q  R  E  D  U  R  V  O  B  B  Q  D  C  T
L  U  H  R  C  G  A  T  E  W  A  Y  S  M  O
```

ABLUTION	GABLES	NURTURING
APHORISMS	GATEWAYS	PRIORITIZES
BOXING	HYPOTHESIZE	RIPOSTES
BRAVURA	IBUPROFEN	RUDER
CONDIMENTS	LAXLY	SURVIVED
COSPONSOR	MACROCOSMS	TOFFIES
DIFFUSED	MALTREATS	TWENTY
FORCED	NEPTUNIUM	VIANDS

Assorted Words 183

```
S  B  L  O  V  E  R  S  H  O  E  K  D  P  J
A  K  H  A  S  T  I  N  E  S  S  F  E  E  L
E  D  R  G  V  F  R  U  I  T  I  N  G  L  D
U  T  M  O  A  I  G  B  D  I  J  A  B  L  E
A  W  A  O  W  C  R  S  L  A  I  F  T  K  L
P  D  N  T  D  E  C  R  R  N  P  Y  N  I  I
R  S  V  A  I  E  M  E  A  E  M  P  U  B  Q
O  P  G  E  G  L  R  A  S  Y  W  K  L  R  U
M  A  S  A  R  Q  I  N  R  S  S  E  P  E  E
I  N  E  U  E  T  E  M  I  F  I  K  H  E  S
S  G  X  G  S  H  I  C  C  S  M  B  E  C  C
S  L  S  U  S  D  N  S  U  C  T  E  L  H  E
O  E  U  E  I  H  I  K  E  R  S  O  J  E  N
R  D  I  S  O  B  A  R  S  D  T  O  I  S  T
Y  H  T  G  N  E  L  H  D  E  H  S  A  U  Q
```

ACCESSIBLE	FRAMEWORKS	OVERSHOE
ADVERTISED	FRUITING	PROMISSORY
ARRIVAL	HASTINESS	QUASHED
BREECHES	HIKERS	SPANGLED
CHEWERS	ISOBARS	TRUCE
DAPPLES	LENGTH	
DELIQUESCENT	MILITATE	
DIGRESSION	MODERNIST	

Assorted Words 184

```
I  N  G  I  N  E  B  K  C  I  T  S  P  I  L
P  I  D  N  C  R  E  A  T  I  O  N  S  R  K
U  E  D  I  C  S  U  G  N  I  N  O  T  N  I
N  O  I  T  L  G  S  O  T  R  C  T  C  E  R
C  D  S  I  J  A  L  E  J  J  X  G  U  X  A
T  I  E  A  K  X  M  G  L  D  Y  D  W  T  I
U  B  N  L  H  X  Q  F  N  E  A  T  A  R  N
R  Y  T  I  L  I  B  A  C  I  L  P  P  A  W
I  L  A  Z  Z  N  P  C  R  Y  L  I  P  S  A
N  M  N  E  E  A  W  A  N  P  L  B  U  G  T
G  A  G  D  H  L  C  D  H  Q  Q  M  R  G  E
B  K  L  H  A  L  T  E  R  I  N  G  R  U  R
R  E  I  N  R  O  H  S  D  N  E  P  U  A  B
V  R  N  R  E  T  N  E  M  E  L  P  M  I  W
K  I  G  I  N  F  L  A  M  M  A  T  I  O  N
```

ADJOURN	GUILELESS	MAKER
APPLICABILITY	HALTERING	PUNCTURING
BENIGN	HORNIER	RAINWATER
BURBLING	IMPLEMENTER	UPENDS
CREATIONS	INFLAMMATION	WARMLY
DISENTANGLING	INITIALIZED	
EXTRAS	INTONING	
FACADES	LIPSTICK	

Assorted Words 185

```
G  K  V  N  O  I  T  A  T  N  E  M  O  F  M
V  Y  S  R  E  V  O  R  T  N  O  C  G  K  H
U  F  G  N  I  K  A  E  R  B  T  R  A  E  H
N  J  P  A  N  C  R  E  A  S  E  S  J  O  P
N  N  D  C  R  K  I  P  E  N  T  A  G  O  N
D  E  T  T  O  J  L  V  V  O  K  B  X  G  O
L  T  H  D  S  L  C  A  I  N  O  M  E  D  U
O  O  S  T  E  R  L  V  W  L  J  Y  B  E  T
H  B  N  E  I  O  E  U  Y  T  I  H  A  T  G
D  C  D  E  I  U  N  G  D  K  A  Z  H  M  R
I  M  V  U  S  Z  C  A  D  E  N  C  E  S  O
Q  V  B  O  R  O  T  R  C  A  D  U  Y  J  W
D  I  V  V  Y  A  M  U  I  W  B  K  H  D  I
B  E  F  Q  U  A  T  E  L  C  B  H  C  C  N
R  O  Y  A  L  L  Y  E  S  K  U  C  X  X  G
```

BADGERS	CONTROVERSY	OBDURATE
CADENCES	DEMONIAC	OUTGROWING
CANOED	DIVVY	PANCREASES
CATWALK	FOMENTATION	PENTAGON
CHUNKY	HEARTBREAKING	ROYALLY
CIRCUIT	JOTTED	
CIVILIZE	KLUTZIEST	
COLLUDED	LONESOMES	

Assorted Words 186

```
D  B  A  A  C  S  E  I  F  E  U  Q  I  L  F
O  V  L  C  U  E  E  V  F  P  A  P  O  P  O
Q  R  L  C  R  K  E  N  S  E  M  E  D  C  R
L  R  U  U  V  M  J  H  B  Y  I  C  W  M  G
T  O  V  S  I  A  S  Q  Y  O  A  L  H  F  I
X  U  I  A  N  K  L  E  T  G  L  P  E  O  V
Q  N  U  T  G  N  C  P  B  G  I  D  E  R  E
A  D  M  I  N  I  S  T  R  A  T  E  S  R  N
D  E  G  O  B  A  L  I  V  E  N  H  N  D  P
Y  R  F  N  S  T  B  E  L  T  E  D  R  E  C
I  S  A  S  I  Q  Z  T  L  Z  T  X  I  D  Z
U  T  A  L  A  L  U  Q  M  K  D  F  U  T  E
J  O  F  E  L  U  L  N  M  Q  C  P  B  P  S
S  O  G  X  N  U  Q  O  J  F  P  O  X  Y  Q
Z  D  U  P  N  U  D  Z  B  P  S  W  C  G  G
```

ACCUSATIONS	COCKLE	PREPAYS
ADMINISTRATES	CURVING	RELIEF
ALLUVIUM	DEMESNE	UNDERSTOOD
ANKLET	DULLARD	UNEASY
BANDITS	FORGIVEN	
BELTED	HYGIENE	
BOLDS	LIQUEFIES	
BOLLING	LIVEN	

Assorted Words 187

```
O  D  J  D  F  L  O  U  R  I  S  H  E  S  C
T  R  I  Z  A  W  T  D  E  L  K  C  U  S  U
B  D  I  S  E  O  J  S  S  H  A  A  I  X  E
A  G  J  E  I  H  L  Z  E  D  C  I  K  A  T
C  I  G  Q  X  N  A  F  S  W  A  N  L  D  T
K  H  R  N  S  T  T  N  F  K  O  O  Y  I  P
D  S  A  M  I  E  R  E  D  O  N  L  T  S  F
R  K  U  S  A  L  R  A  G  M  E  A  L  P  J
O  Z  X  L  T  N  L  O  D  R  A  X  H  O  L
P  N  W  G  P  I  U  E  T  I  A  I  E  S  H
H  Y  D  R  A  N  T  V  U  S  T  T  D  A  N
U  G  W  O  T  Y  O  Y  A  Q  K  I  E  L  O
V  S  M  O  C  K  I  N  G  Q  H  O  O  S  G
N  G  G  N  I  D  D  O  R  M  A  R  O  N  P
Y  T  I  L  I  B  I  X  E  L  F  N  I  B  S
```

AIRMAN	FLOURISHES	RAMRODDING
BACKDROP	HANDMAID	SHANKS
BOOKSTORES	HOLLOWEST	SMOCKING
CHASTITY	HYDRANT	SUCKLED
DISINTEGRATES	INFLEXIBILITY	SYNCH
DISPOSALS	NONPLUS	TOADS
EXTRADITIONS	OFFLOAD	
FILIAL	QUELLING	

Assorted Words 188

```
W  J  E  V  I  S  S  I  M  R  E  P  T  V  T
S  H  Y  L  M  E  S  R  A  P  L  Q  W  F  M
S  T  F  F  G  N  I  T  A  I  D  U  P  E  R
R  T  E  X  C  G  G  N  S  B  E  M  U  S  E
Y  S  O  K  O  C  N  D  I  U  Y  H  A  B  N
D  T  I  P  N  R  G  I  E  K  R  C  T  Q  A
S  E  T  P  S  A  R  N  T  L  S  T  C  W  C
U  P  L  A  C  V  L  N  I  C  S  T  N  W  T
G  S  S  Z  R  A  T  B  E  O  E  S  A  I  I
A  O  U  Y  I  T  Q  S  W  O  T  L  A  O  N
R  N  N  Q  P  T  L  U  I  V  N  O  E  H  G
C  S  N  Z  T  E  P  U  L  L  R  A  H  D  X
A  T  I  B  I  D  L  C  X  V  U  V  T  P  D
N  V  E  D  O  N  I  M  P  E  A  C  H  E  S
E  Z  R  G  N  I  S  R  U  C  V  J  O  Y  J
```

BEMUSE	GOATSKIN	PHOTOING
BLANKETS	HASSLE	RATTY
CONSCRIPTION	IMPEACHES	REPUDIATING
CRAVATTED	INTRUSTS	STEPSONS
CURSING	NEONATE	STOPS
ELECTING	OCULIST	SUGARCANE
ENACTING	PARSE	SUNNIER
EXULT	PERMISSIVE	

Assorted Words 189

```
L  V  G  S  R  E  I  F  I  C  A  P  E  U  D
B  Y  H  N  N  Y  K  F  M  O  B  U  S  H  S
R  O  R  Q  I  A  C  Q  A  N  W  W  U  N  F
E  G  A  E  R  B  L  H  M  C  N  G  P  J  R
V  P  N  E  L  B  O  K  M  E  D  H  E  O  E
I  R  P  I  H  T  T  L  A  A  K  E  R  M  Q
T  O  T  I  L  C  U  D  A  L  M  R  M  R  U
A  N  D  D  N  L  R  C  E  S  O  M  E  E  E
L  O  P  F  L  T  E  A  Z  R  S  I  N  C  S
I  U  X  C  X  B  S  P  L  V  E  T  D  O  T
Z  N  E  R  V  E  L  E  S  S  A  P  K  P  I
E  S  S  J  H  A  G  G  L  I  N  G  P  I  N
S  M  A  H  A  R  A  J  A  V  D  L  I  E  G
Z  P  R  E  H  E  A  T  I  N  G  Q  H  D  P
C  Z  Y  L  T  N  E  I  C  I  F  O  R  P  X
```

ALKALOID	LOBING	PROFICIENTLY
CLOTURE	MAHARAJA	PRONOUNS
CONCEALS	MAMMA	RECOPIED
CUTLERY	NERVELESS	REQUESTING
DISPELLING	PACIFIERS	REVITALIZES
HAGGLING	PEPPERED	SUPERMEN
HERMIT	PINTS	
LARCH	PREHEATING	

Assorted Words 190

```
O  A  C  C  E  P  T  A  B  I  L  I  T  Y  B
I  E  F  L  U  X  U  R  I  A  T  E  D  L  V
N  U  S  R  E  Y  T  U  B  B  Y  G  Z  I  L
V  W  Y  E  A  S  L  L  I  M  W  A  S  N  X
E  J  E  H  I  C  L  T  Q  Q  I  P  J  G  I
T  B  E  L  I  T  T  L  I  N  G  R  T  E  N
E  L  C  P  T  C  S  U  A  C  Y  H  K  R  U
R  J  M  W  D  E  C  A  R  W  I  H  A  E  N
A  U  Y  K  Y  U  R  U  N  I  Y  L  D  R  D
T  E  A  I  N  G  D  S  P  Y  N  R  P  S  A
E  F  C  H  O  O  S  I  N  G  D  G  D  M  T
D  N  X  E  G  O  O  D  N  E  S  S  J  Q  I
I  R  E  V  O  E  R  O  M  G  F  K  J  D  O
G  U  I  N  C  A  R  C  E  R  A  T  E  D  N
D  E  S  I  V  O  R  P  M  I  U  U  M  D  E
```

ACCEPTABILITY	HICCUP	LUXURIATED
BELITTLING	IMPLICITLY	MOREOVER
CHOOSING	IMPROVISED	SAWMILLS
DRYWALL	INCARCERATED	TEAING
DUDING	INUNDATION	TUBBY
DYNASTIES	INVETERATE	WELTERS
FRACTURING	IRKED	
GOODNESS	LINGERERS	

Assorted Words 191

```
O  H  K  J  N  D  D  M  A  N  A  C  L  E  D
J  D  J  O  U  R  N  E  Y  M  A  N  Y  O  R
G  T  M  U  R  A  X  A  P  U  R  R  I  N  G
X  N  F  L  G  C  A  I  N  O  M  E  D  M  G
T  S  I  C  S  A  F  M  U  M  H  L  N  L  U
T  Y  A  R  A  Y  L  L  S  F  B  R  C  A  I
R  A  L  L  U  B  O  K  M  E  U  Y  K  C  T
I  K  E  F  L  S  O  W  E  L  K  I  N  I  O
P  X  P  E  R  I  N  L  E  N  R  A  G  E  S
L  H  H  Y  S  E  V  E  I  H  C  A  R  R  T
E  Z  O  X  L  J  T  T  A  S  Y  B  A  B  I
T  Q  I  N  P  A  R  T  L  Y  H  H  H  L  N
S  D  B  Q  Y  I  M  B  U  E  X  E  H  Z  K
O  R  A  T  O  R  I  O  Z  B  A  L  D  W  E
I  L  L  U  M  I  N  A  T  I  O  N  J  K  R
```

ABOLISHED	FASCIST	PARTLY
ACHIEVES	HOPED	PHONY
BABYSAT	ILLUMINATION	PURRING
BRAKES	IMBUE	STINKER
BUTTERFLY	JOURNEYMAN	TRIPLETS
DEMONIAC	LACIER	VILLAS
ENRAGES	MANACLED	WELKIN
ENSURING	ORATORIO	

Assorted Words 192

```
D V X B U Q H I V Z N E S C N
X E Z K E M A T I N G V L O N
X S T C G N I R A L B F S R E
G S B E F O E D I B F T U N W
N O E M L G F F C H D W B S S
A L A U O E Y R A D P O J T I
R S L Y G C D B J C D H O A N
L T D U Q U A I O W T X I L G
S I A D Y I F T C X D I N K B
F C O W B O Y S A G E D O B X
I E G N A I V E W C B R J N Q
D R O A W H I L E M T X S T S
Z T E X H I B I T I O N B L D
N I N I T I A L L Y R O P G H
G N I N A E L C E S U O H D N
```

AWHILE	COWBOYS	MATING
BENEFACTIONS	DEBTOR	NAIVE
BLARING	DELETED	NEWSING
BLOODBATH	EXHIBITION	SOLSTICE
BODEGAS	FUGUES	SUBJOIN
BOXERS	GNARLS	
CATACOMBS	HOUSECLEANING	
CORNSTALK	INITIALLY	

Assorted Words 193

```
Z  B  N  O  E  K  S  D  P  M  Q  X  B  M  Z
P  I  G  E  E  N  E  E  E  O  V  C  B  I  R
C  M  P  G  G  F  C  Y  L  F  A  Q  Q  E  R
R  P  E  E  N  A  T  U  S  Z  F  C  K  C  T
I  O  I  S  T  I  L  D  M  T  Z  U  H  L  R
T  R  T  C  S  S  D  E  T  B  O  I  N  E  M
E  T  B  A  N  T  E  R  S  E  E  N  R  S  R
R  U  U  N  C  U  E  K  A  U  L  R  E  F  H
I  N  M  N  E  I  P  U  R  O  F  T  S  S  E
A  I  B  I  D  A  L  F  R  A  B  T  N  H  X
S  T  L  N  I  O  K  P  M  T  D  O  T  A  A
R  Y  I  G  L  C  O  M  P  O  S  T  I  N  G
G  C  N  X  L  S  M  N  B  A  C  N  D  X  O
X  S  G  H  A  U  G  H  T  I  E  R  O  W  N
V  D  Y  B  S  H  U  T  C  H  I  N  G  C  E
```

APPLICATOR	DARKEST	IMPORTUNITY
BANTERS	ENCUMBERS	KEYSTONES
BOARDING	FRIZZLES	POACHER
BUMBLING	FUSELAGE	SCANNING
CEDILLAS	GANTLET	SNUFFED
COMPOSTING	HAUGHTIER	
CONSTRUE	HEXAGON	
CRITERIA	HUTCHING	

Puzzle #194

Assorted Words 194

H I L L O C K S O Y V U M I I
I J Y L S U O L U C A R I M H
V K X K S R A E B E R O F M I
A E F G V S P O R T I C O E M
K C Z C Y G E Q U A T O R R P
F Q R G A L A N T E R N S S R
T M C O M P O S I T E S A I O
H R D F N E I Q E Z W Z J O B
Y G E N K E N L L G Z N T N A
M R J S E N D I L Y N I U G B
U W E U T P E E T A C O D T I
S K A H N O I E O O R E P A L
E C R T S B R T L R C I U S I
S B U S H I N E S S E I E M T
Z V E L X V F D R X B Z N S Y

BUSHINESS	HILLOCKS	PORTICO
CAPILLARIES	IMMERSION	RESTORER
COMPOSITES	IMPROBABILITY	SPONGES
CRONE	KNEELS	STIPEND
DIZZINESS	LANTERNS	THYMUSES
EQUATOR	LYCEUM	ZEROED
FISHERY	MIRACULOUSLY	
FOREBEARS	NICOTINE	

Assorted Words 195

```
D  R  C  F  F  A  T  T  R  I  B  U  T  E  S
R  I  W  V  N  O  L  T  R  E  K  C  I  T  S
N  P  S  P  G  T  E  L  K  T  F  M  M  U  J
A  U  Y  A  E  J  N  Y  O  H  B  F  U  O  S
R  T  C  N  P  I  C  B  T  W  S  B  U  B  S
R  T  R  E  P  P  O  R  C  H  I  L  E  L  I
O  E  E  N  C  O  R  E  S  I  G  N  P  E  B
W  R  D  C  A  H  E  O  C  H  J  I  G  H  V
E  E  N  P  G  W  I  G  V  M  O  B  N  A  S
D  D  N  D  E  R  E  M  M  A  H  C  C  R  S
M  G  N  I  L  G  N  A  J  H  L  Z  K  K  F
O  W  C  R  W  E  R  O  P  M  E  T  X  E  A
G  N  I  M  R  O  F  R  E  P  X  Y  J  D  D
Y  E  T  G  M  I  G  N  I  W  E  H  C  S  E
S  E  C  A  R  L  L  I  M  A  R  I  M  B  A
```

ALLOWING	ESCHEWING	NIGHTY
ATTRIBUTES	EXTEMPORE	PERFORMING
BLUFFER	HAMMERED	PUTTERED
CHILE	HARKED	SHOCKED
CROPPER	JANGLING	STICKER
DISAPPROVAL	MARIMBA	
ENCORE	MILLRACES	
ENCORES	NARROWED	

Assorted Words 196

```
I  C  L  A  I  M  Y  H  T  O  P  K  N  O  T
N  S  T  F  I  L  K  R  O  F  O  C  U  R  A
F  R  E  R  M  I  L  L  I  M  E  T  E  R  S
I  S  L  X  L  O  R  D  L  I  E  R  U  U  H
L  I  E  M  A  N  A  T  I  O  N  W  I  N  V
T  N  O  H  W  F  T  A  L  I  S  M  A  N  S
R  G  P  H  S  O  D  E  R  R  E  F  E  R  W
A  R  N  S  T  I  F  M  O  C  S  I  D  B  D
T  Z  K  I  P  X  N  Q  O  W  D  G  S  Y  V
I  L  T  E  L  B  A  I  F  I  T  R  E  C  O
O  L  X  V  A  O  E  K  M  C  L  O  X  S  L
N  G  R  I  M  E  D  A  D  I  Q  O  T  A  T
O  R  J  D  I  T  H  E  R  E  D  M  D  O  A
P  J  P  C  S  H  A  N  G  O  V  E  R  S  I
N  E  C  T  A  R  I  N  E  S  W  D  M  L  C
```

CERTIFIABLE	FORKLIFTS	NECTARINES
CLAIM	GRIMED	REFERRED
DIMINISHES	GROOMED	TALISMANS
DISCOMFITS	HANGOVERS	TOPKNOT
DITHERED	HOMEWARD	VOLTAIC
DOLING	INFILTRATION	
EMANATION	LORDLIER	
FAXES	MILLIMETERS	

Puzzle #197

Assorted Words 197

```
C  T  N  E  L  O  V  E  L  A  M  F  Q  P  V
M  O  R  T  I  C  I  A  N  M  H  U  R  C  P
Y  S  M  G  N  W  Y  V  W  Y  A  Z  Z  K  I
D  R  T  P  N  P  O  I  X  A  S  Z  I  S  N
E  I  O  F  A  I  L  U  R  E  S  I  U  H  C
S  G  K  S  N  C  Y  B  B  L  L  E  N  O  H
E  A  N  V  L  E  T  F  H  W  E  S  R  W  E
C  D  T  I  T  U  T  N  I  S  S  T  I  O  S
R  X  E  E  T  M  P  H  E  T  R  L  P  F  F
A  Z  O  Y  S  T  A  M  G  S  A  A  J  F  L
T  R  S  Z  A  E  E  R  O  I  S  R  E  E  G
I  Y  F  I  V  R  P  P  B  C  L  O  G  L  L
O  G  U  A  R  D  R  A  I  L  S  N  I  R  C
N  O  Q  B  F  G  B  U  T  T  E  R  E  D  Y
P  R  I  E  S  T  L  Y  H  M  M  S  K  L  A
```

BUTTERED	FUZZIEST	PESETAS
CLEARS	GRATIFYING	PETTING
COMPACTNESS	GUARDRAILS	PINCHES
COMPULSORY	HASSLES	PRIESTLY
DESECRATION	HURRAYED	SHOWOFF
ENLIGHTEN	MALEVOLENT	
FAILURES	MARBLES	
FORESAW	MORTICIAN	

Assorted Words 198

```
P  D  D  E  R  O  J  A  M  M  J  D  Y  W  E
W  A  G  I  S  Z  N  O  I  T  I  R  T  U  N
W  A  O  B  S  T  R  U  C  T  I  V  E  N  E
O  E  N  I  H  S  E  O  H  S  E  R  Z  I  R
H  J  Y  T  I  V  I  T  C  A  N  I  U  C  G
K  N  E  W  B  O  R  N  S  N  R  B  V  E  I
A  S  C  E  N  D  I  N  G  P  X  T  P  R  Z
G  D  D  E  P  I  G  L  O  T  T  I  S  E  E
S  N  E  L  D  I  M  I  N  I  S  H  E  S  R
R  R  I  K  A  C  H  E  C  K  L  I  S  T  S
A  E  E  T  E  B  F  O  I  D  K  E  A  N  Y
T  D  H  T  A  I  J  V  M  Z  W  A  H  N  O
O  L  Z  S  T  O  R  Z  F  E  B  G  J  P  T
R  K  O  Z  O  A  L  H  K  R  L  C  K  B  A
A  E  O  Z  Z  K  P  F  S  Z  P  Y  D  Z  H
```

APHELION	FLOATING	OBSTRUCTIVE
ASCENDING	HOMELY	PATTERS
BALDS	INACTIVITY	SHOESHINE
CHECKLISTS	KOSHER	SHRIEKED
DIMINISHES	MAJORED	
DISSING	NEWBORNS	
ENERGIZERS	NICER	
EPIGLOTTIS	NUTRITION	

Assorted Words 199

```
K  R  I  N  G  E  R  S  M  U  H  C  O  S  Q
B  W  H  P  E  N  E  T  R  A  T  E  D  I  H
A  U  G  P  S  C  M  Q  U  E  A  S  I  E  R
S  A  S  N  O  U  T  E  D  I  P  T  X  V  J
E  S  R  O  I  H  P  A  L  S  Y  A  O  E  A
N  K  W  T  G  Z  F  K  Y  R  R  A  C  S  S
S  E  G  E  N  C  I  T  E  R  O  E  H  T  W
I  L  E  M  B  A  R  R  A  S  S  E  D  V  A
B  E  N  N  R  W  M  G  A  B  B  Y  Y  I  I
L  T  I  Q  M  I  S  C  E  L  L  A  N  Y  C
E  O  U  H  E  O  E  T  A  L  U  T  S  O  P
S  N  S  R  J  E  L  O  D  N  O  C  X  L  M
T  E  X  T  I  N  G  U  I  S  H  E  R  S  V
D  E  T  A  R  T  S  E  H  C  R  O  U  I  H
A  D  H  T  S  E  I  L  T  S  E  I  R  P  C
```

CAPERS	GABBY	PRIESTLIEST
CARRY	GENIUS	QUEASIER
CHUMS	MANTRA	RINGERS
CIDERS	MISCELLANY	SENSIBLEST
CIRCULARIZING	ORCHESTRATED	SIEVES
CONDOLE	PALSY	SKELETON
EMBARRASSED	PENETRATED	SNOUTED
EXTINGUISHERS	POSTULATE	THEORETIC

Assorted Words 200

B W S Z D F C P D S H U C K O
L M L C U I X A E J K R H U Q
B R K P I K F F U L R N B R Q
J P C Q U A R F D S I Y U R Q
D L N A J Z H E U F A T H P X
U E U M R U Z C S S D L S J E
D O L M E N D L R C E Q L O X
R C R L V S A E E A I N W Y H
T Q S E E H T T T M J N E K A
V S M B D V N F I C E Q D S U
E W T G E E O Y I O I N F F S
X H J E D A G R F R N L T S T
B C X O R D U G G D D S F H E
C V R C V E S X A E Z X J N D
H S X D Y P B A W R X Z N I I

ARCHAIC	DRIFTS	RESCIND
BEAUX	EXHAUSTED	SHUCK
BERETS	GROVELLED	
CAMCORDER	HOSTILE	
CARNATIONS	INFLICTED	
CAUSALLY	PUNKS	
DIFFUSENESS	PUZZLEMENT	
DOLMEN	RAGGEDER	

Puzzle # 1
ASSORTED WORDS 1

Puzzle # 2
ASSORTED WORDS 2

Puzzle # 3
ASSORTED WORDS 3

Puzzle # 4
ASSORTED WORDS 4

Puzzle # 5
ASSORTED WORDS 5

```
P S   I N F L U E N C E S L
  O D   T D           X   O
    L I   E E           P   O
      L M N P B         L   T
  G       S A E M B     I   E
M B U R G E R S I O     C   R D
Y R   F         Y I L B I   S E
S U G D F         P R     T D   V
T M O I E A C A M P A N I L I
I M O N     P W T I N I E S T O
F E F S       O S   Y     S A   U
I R I T           L       D S L   S
E   E E             L       D L   L
D F R A G M E N T A T I O N Y
    D P U P P E D G       W T
```

Puzzle # 6
ASSORTED WORDS 6

```
    D   N I G H T S H I R T S
    E P I C U R E A N       G A
    M   A G N I H S I V A R T
G I E T E R N A L L Y       O U
P N R           R M           T R
A D I               O A         T A
R E T T     D B     T R C       O T
T F     A B I E N N I A L S I
I E       R S S F O     A R       O
C N       D R T U S       C P N
I S           Y E A D I         H S
P I S E H C N U H H F D E     I
L B S N A B R U T E T F L R
E L S P I N N E R S D A S E S
S E     G N I T O O C S L
```

Puzzle # 7
ASSORTED WORDS 7

```
  L A I R O T A N R E B U G
  A D     S     R E I P M I G
  V     E T N D I A M R E M
  I     G P F E T U L F V
G I A     C R P I T           I   D
P N R     A K A O L T         P   I
O S I     C M N N T E A       E   S
E T E L K S M O D K C F R       A
T I S     L G T O W S C A S     B
I G     E E E N N C I O A F     L
C A     N     H I I     N N L     E
A T S F F U B S K E     G S B M
L O S D E E T S U I F     E     E
  R E M A N D T     B P         S N
  A I R T U N L A C I N Y C T
```

Puzzle # 8
ASSORTED WORDS 8

```
  F P H Y T I S O I C E R P
E   I R     C R A P S         P O
P L B E     H A         W   O S P
R R E S     R     E         A   T C O
I E R C     O E       R     V   T I R
M T G R T M     T     B E   E L R
I R L I     O         T     R   R L I
T I A B     S R         E S G I A N
I E S E     O     S       Y R N T G
V V S S     M             A G I E
E E       M E C H A N I C L O R
S R       S E T T E N I D N S
L A N O I T C U R T S N I
T R E A D S E T A N E G Y X O
  E C N A B R U T S I D
```

Puzzle # 9
ASSORTED WORDS 9

```
.  .  C  .  S  T  U  D  S  F  .  .  .  M  .
.  .  .  O  .  M  .  .  .  L  .  .  S  A  I
.  .  M  .  L  D  O  .  .  U  .  .  H  Y  M
S  D  .  H  .  L  E  K  .  T  .  F  A  O  M
.  C  E  .  T  Y  A  T  I  I  .  I  P  N  O
.  .  I  T  B  I  L  T  H  N  .  R  E  N  D
E  .  L  T  A  U  R  S  E  G  G  T  L  A  E
R  S  .  E  S  R  L  O  U  S  I  H  I  I  R
F  E  S  .  V  I  E  L  G  O  .  S  E  S  A
L  .  .  H  E  .  E  L  N  F  L  T  R  E  T
A  .  .  S  G  .  R  L  E  R  A  E  .  A  E
U  .  .  .  .  A  R  S  A  G  O  .  V  .  F
N  A  S  I  T  R  A  P  I  B  .  G  .  O  .
T  .  .  .  .  B  L  .  .  .  .  .  .  .  C
S  .  A  I  L  L  E  M  A  C  .  .  .  .  .
```

Puzzle # 10
ASSORTED WORDS 10

```
.  .  .  E  L  B  A  R  A  P  M  O  C  N  I
.  E  V  I  S  N  E  P  X  E  N  I  .  .  .
.  G  N  I  P  A  E  L  D  N  I  C  S  E  R
M  .  .  G  .  .  .  .  .  F  .  .  P  W  .
I  G  M  .  L  .  T  A  L  K  S  .  O  A  .
R  R  E  .  .  N  O  S  I  A  I  L  A  S  L
T  A  N  .  .  .  O  .  B  .  .  C  T  I  .
H  V  I  .  .  .  M  B  .  .  .  T  I  N  P
L  E  A  C  H  A  G  R  I  N  N  I  N  G  A
E  L  L  .  S  P  O  O  N  E  D  V  G  .  R
S  L  S  L  .  .  .  .  .  E  .  S  A  .  K
S  Y  .  .  .  S  .  H  S  I  T  T  O  S  W
R  A  D  I  A  T  E  D  S  .  .  .  E  .  A
.  C  O  N  T  R  O  V  E  R  T  S  .  .  Y
.  .  D  E  S  O  N  G  A  I  D  S  I  M  S
```

Puzzle # 11
ASSORTED WORDS 11

```
P  S  N  A  I  R  W  O  R  T  H  I  E  S  T
O  P  C  O  M  P  O  S  E  D  C  .  .  .  .
L  O  G  .  I  .  .  .  Y  T  S  E  N  O  H
I  K  A  .  .  R  D  E  T  A  L  O  I  V  .
T  E  D  L  E  R  R  A  C  D  E  G  N  O  G
I  S  A  .  .  .  .  A  .  .  B  .  S  P  P
C  M  B  S  D  N  I  M  C  .  R  .  C  U  O
I  A  O  .  A  S  R  E  G  D  A  C  R  C  T
Z  N  U  .  .  E  .  .  .  .  T  .  I  K  H
E  Y  T  I  R  A  L  U  C  R  I  C  B  I  O
S  .  S  .  .  .  F  .  .  .  N  .  E  S  L
.  S  E  D  I  C  I  M  R  E  G  .  D  H  D
.  Y  L  S  U  O  M  E  H  P  S  A  L  B  E
.  .  O  U  T  D  O  I  N  G  .  .  .  .  R
.  .  .  .  S  T  C  E  R  I  D  S  I  M  S
```

Puzzle # 12
ASSORTED WORDS 12

```
S  R  E  T  H  G  I  F  E  Z  I  R  P  .  .
Y  S  Y  L  B  A  R  A  P  E  S  N  I  P  .
.  F  U  .  S  T  N  E  M  I  G  E  R  E  H
A  B  I  C  K  E  R  I  N  G  .  .  .  D  O
.  Z  .  D  O  P  .  S  .  .  .  .  .  A  M
.  .  Z  .  I  F  R  .  L  .  .  .  .  G  E
.  .  .  A  .  C  J  A  .  A  .  .  .  O  S
A  P  P  L  I  C  A  N  T  S  P  .  .  G  T
R  W  .  .  P  D  P  .  T  .  R  .  .  U  E
G  P  A  .  .  .  E  .  P  .  L  .  A  E  A
U  C  A  R  G  O  S  .  .  .  .  E  .  C  D
E  .  .  .  .  D  E  .  .  .  .  .  D  .  E
D  .  .  .  .  E  D  .  .  .  .  .  I  .  R
.  .  .  .  .  .  .  .  .  .  .  .  .  .  S
.  .  .  .  R  E  N  A  S  .  .  .  .  X  .
```

Puzzle # 13
ASSORTED WORDS 13

```
G . . G . S U O R E H C E L D
T U . . N . . G R U E S O M E
H . T R E I H S A L F . . . L
I . . T N . L . R E C U A S I
E Y R R E H S L S H O R E D B
V . . . R D . B E P . . . D E
I . . H V . . A . V O . . I R
N . . O A S E S O N I L . D A
G . . L T . . K E . . R S A T
C O N D E N S E . T . . D C I
. . . E D . . D . D A . . T O
. . . R F R E E B I E G . I N
. . G N I T A L U C L A C S .
. . . E S C U T C H E O N S .
F U R T H E R M O S T . . C .
```

Puzzle # 14
ASSORTED WORDS 14

```
. Y L L A I T I N I . . . O .
N O I T A Z I M E T I . . P .
C A B B Y . K C U N S . . T .
R . . N O I T A T R E S S I D
I N O I T A R E M U N K . M S
S G N I G G E L D . . . R A A
P R . . . . D I M E S . . A W
Y . O N A G E V . . Z . . . H
Y T I L I B A T P A D A . . O
H E R R I N G B O N E . R . R
D I S I N C L I N I N G . C S
. . . S R E N I D . . . . . E
. . . . P R U D E N C E . . .
. . E V I T A V O N N I . . .
. S A D O G A P . C . . . . .
```

Puzzle # 15
ASSORTED WORDS 15

```
L E N N E F L A M Y R H C A L
E . S D N A B D A E H . . . .
A C H A S U B L E S . . . . .
S . E D . . E T A R E N O X E
E . . L I . D E T A R R E S .
. I . . L C . . . S B S R . P
D N . B O U T I Q U E W E . O
. E M . . Y L U . . L I C M R
. R T O . . C O M . O F H I T
. T A A N S . N I S N T E S R
. N . V U E K . E D G E C N A
. E . . A D T S . I I S K O Y
. S . . G A A A . N T E M E .
. S . . . E R R B G E D E D .
H A Y M O W . S G Y . . L R .
```

Puzzle # 16
ASSORTED WORDS 16

```
S . . . . E L B A D N E T X E
. E Y L I R O S L U P M O C .
. . G . . E T A G D O O L F .
. . . A C D E T N E M G A R F
. . . . P H Y L T H G I T . .
S P A R C I A D E P O S I T S
. E . S F F U T S D O O F . A
. R S G . H A Q T . . . . . I
S . E I U H O M E I . . S . L
. T A N T I S L A V E R Y M F
. . S . G R S I D R . S . O I
. . S . . I E E T O O . T K S
. . . . P . S V . . L V I E H
P E N K N I F E D . O E D R E
. . . . . . . . . D A . C R S
```

Puzzle # 17
ASSORTED WORDS 17

Puzzle # 18
ASSORTED WORDS 18

Puzzle # 19
ASSORTED WORDS 19

Puzzle # 20
ASSORTED WORDS 20

Puzzle # 21
ASSORTED WORDS 21

Puzzle # 22
ASSORTED WORDS 22

Puzzle # 23
ASSORTED WORDS 23

Puzzle # 24
ASSORTED WORDS 24

Puzzle # 25
ASSORTED WORDS 25

```
S D . Y . . S H O E M A K E R
Y . E S L . C O N J U G A T E
P D . S E B R S Q . . . . . U
H I E . E H I E R U . . . . M
O S B W S E C G G A A . . . P
N C . E A T H U I N E S . . I
E O P . L Y N C O L I Y H . R
D V O . . L . A P R L R D E E
. E P . . . H R M R G E R I D
. R E L I P M O C R E . . T E M
. I S . . . U P . O E . N D
G N I T F I S S . . . F N . I
. G . . C A T A L P A S N E
R U S T I C A L L Y . . . I D
. S U B H U M A N
```

Puzzle # 26
ASSORTED WORDS 26

```
. . . Y L L A C I T I R C H .
D R P . . I . O . . C . . U .
. I E A . N . O . . E . . M .
. . A H R T . K . R . . O E
. . L I E . O G . E . . R M
. L . I R N U . O M . . I P
. S A . N E T . F O R K S A
. S . S I S G S S . N D . T T
D . A B E R T H E D I . Y S H
. E . M . N E N U Y A C I P I
. . D . M . T T . . L . E Z
. . A . A . R C . L . W E
. . L . G . U A Y . . I S
H A N D S O M E R C B . N .
. S D R O W E R O F . . G
```

Puzzle # 27
ASSORTED WORDS 27

```
. . S E V O L G X O F
. D E N E T R A E H
S D I O H R R O M E H
Y L S S E L T L U A F
. B O . S R E T I R W Y P O C
. A R . . E L O H N A M
. T G . D W A R F E D
N T A C O R D O N E D
E L N D W . J S N O O R A M
G E I . A . U . A N G A S A L
A M Z . G P S E I T N U O B
T E I . E . T S E I Z O O B
I N N . R . I E Z R U F
V T G . S G N I D N E T
E S T S E I G N I L C
```

Puzzle # 28
ASSORTED WORDS 28

```
. C . . P R E M A T U R E .
. H O M E O P A T H I C .
R . B M I S O G Y N I S T S
E . P U P . S R E H T R U F R
M . R S A . . B . . . . . I
I O . E B S S A . . . . S V
N S S . V O S N W . . C A
I T . N . E Y I O F . O L
S E H C N O C N S N T U . L I
C N T . . O . T S G T L D N
E S . A . . T E I E U U L G
N I . L S M U R D O R L B Y
C B . . U . . A . N P A
E L . . M . . C . . M R
S E . D E R E E N I M O D E
```

Puzzle # 29
ASSORTED WORDS 29

1	2	3	4	5	6	7	8	9	10	11	12	13	14	15	16
G	S	H	O	O	T	E	R	S				A	P	N	
S	N	G	Y			S						N	A	E	
E	M	I	N	L	S	Y	E					E	Y	R	
N	O		Z	I	B	T	A	I				M	O	V	
S	R	B		I	C	A	S	W	R			O	F	O	I
I	T	E			D	R	T	Y	Y	R	M	F	U	N	N
B	I	L	G	E	S	I	E	U	H	B	E	S	S		T
L	F	I						R	I	P	T	T	M	L	E
Y	I	E						I	B	P	E	E		Y	R
	E	V						S		Y		R	M		N
	D	I						K			H	S		A	I
		N	M	U	E	S	I	L	O	C	O	O	L	S	
		G				S	N	A	K	I	N	G		T	
T	E	R	M	L	Y	L	G	N	I	D	N	I	L	B	
	D	E	T	A	R	E	B	I	L	E	D				

Puzzle # 30
ASSORTED WORDS 30

1	2	3	4	5	6	7	8	9	10	11	12	13	14	15	16
			S	L	L	A	F	T	R	O	H	S			
		E	X	C	I	S	I	O	N	S					
R	E	T	T	I	S		D	U	S	T	I	E	R		
			S	N	O	I	T	A	L	L	E	P	P	A	S
M				Y	G	H	S	C							T
E				L	N	C	H	A							U
R			A	N	T	O	N	Y	M	I	T	O	R	B	
C						P		E			P	U	R	B	
I			D	I	N	N	E	R	I	N	G	P	H	E	
L		T	E	E	R	T	S	D	G	T				E	D
E	H	P	O	R	T	S	O	P	A	A	H				P
S			S	E	I	T	I	V	I	T	S	E	F		
S		G	N	I	D	A	N	I	R	A	M	K	R		
			S	T	H	G	I	E	W	Y	V	A	E	H	
			I	M	P	U	D	E	N	T	L	Y	T		

Puzzle # 31
ASSORTED WORDS 31

1	2	3	4	5	6	7	8	9	10	11	12	13	14	15
			B	S	E	Z	I	L	O	P	O	N	O	M
D			M	I	S	L	E	A	D	S				
D	E		Y	R	O	T	A	R	O	L	P	X	E	E
F	E	I	F	O	R	T	U	N	E					K
R		N	K			C		H		A				I
E		H	I	C	A	G	U	S			C			H
T		A		E	I	V	N	R	T		H			H
S	F	L	D		K	T	L	I	T	O		O	K	I
		E	A	C		S	S	U	K	A	N		E	S
		R	H					V	S	I	E		R	T
		K	E			S	L	Y	D	I	N		S	O
		L	W	B	T	H	C	A	Y			R	S	G
		Y	I	O	V	E	R	T	I	M	E	F		R
	S	S	E	N	S	U	O	U	N	E	G	N	I	A
		G	M	U	C	K	I	E	S	T				M

Puzzle # 32
ASSORTED WORDS 32

1	2	3	4	5	6	7	8	9	10	11	12	13	14	15
I	N	S	T	R	U	M	E	N	T	B				F
	P	L	E	A	T	E	D			U		I		E
	H	O	M	E	L	A	N	D	S	D	H	N		L
				S						G	A	C	H	L
S	N	O	I	T	I	D	E			E	R	I	A	O
E				H	S	R				T	M	N	N	W
	S		B	E	N	E	F	I	C	E	O	E	D	S
	S	A		T		V	T	H		D	N	R	P	H
		D	E	I		V	U	U			I	A	I	I
		N	C		I	N	M	H			Z	T	C	P
P	O	T	P	A	L	N	F	B		C	A	I	K	S
			L	B	G	A	U				T	N	E	
			L		M	I	G				I	G	D	
			Y			R					O			
	M	O	P	P	E	T		A			N			

Puzzle # 33
ASSORTED WORDS 33

```
    S H G U A L           F F
  C O N T E N D I N G     I A
      O S R I A T S P U G C
B D E F F I O C A T     U I
  U   S   T S Y N A     R L
    S D N E M A E M I M   E I
    S H E F H Y M L B T E D T
      E W G F T L R F A E R A
      L H R I O T I S L R T
    S E L G A E T L N F A S E
F A U N A S N C V N C E F M
          I K N I   C A E
    U N M A D E T E O A   E
G N I R A F A E S   R C L   R
  C I R C U M V E N T S   P
```

Puzzle # 34
ASSORTED WORDS 34

```
      M I R A C U L O U S L Y
        S E S O P S I D E R P P
S T S I G O L A E N E G     R
    G E N T L E D         I
      S M U I N I H P L E D V
G N I L I O T N             A
D         O R E T L A F     T
D E K C U L   D R S         I
    M           O E R       O
      M   C O L L O C A T E N
      N S U L U M U C H U O
R O V E R B S E T A L S A C
      P A L T R I E S T   S
G N I Y R T E R P I P E R S
      R E I H C N U A P
```

Puzzle # 35
ASSORTED WORDS 35

```
    C   T S I L E G N A V E
S L I A T N O T T O C
      P   R I K A F     N J
    A   F I C I T E R E H U U
    L N   O T H         D R
N C L   C   R A I M       G I
  E O P   H T B L L I     I D
S   W V O S O S A I B T   N I
  G A S E I M R E D S L E G C
D   N N W R S U P L E M A S A
  A C O T O L O R E K     I L
    E   B O R E N D O C     N
      H     N T T I L P I
H E A D E R     Y H   N O L F
        B     M Y   G D E
```

Puzzle # 36
ASSORTED WORDS 36

```
  D   R     S N O I T I T E P
  E S S E N D E T N E T N O C
  N V R U G   S N         P
  O E E D P I   R O       O
  U N T I L R M     E Y   P
  N G I F S I O E L H N   P
P C E N F   T Q C N L C A   I
O E A A I   L H U   T O T   N
M M N L C L   E G E   W R U G
A E C   U   I   V I U A   N B
D N E   L   V   E L R     U
E T   S T O W S A   L D I
S     Y       C   L A N
    L A N I G I R O   Y E E G
    G N I R E B M U N     R H
```

Puzzle # 37
ASSORTED WORDS 37

M	U	L	T	I	L	I	N	G	U	A	L	T	R	
N	O	I	T	A	C	I	D	E	M		C	R	A	
D			N	S	S	R	E	P	P	O	H	I	D	
	E	C		C	E	L	A	W	O	V	A	K	I	
		K	O		O	M	E				R	I	C	
	N		C	U	G	N	M	G	A		T	N	A	I
F	E			U	N	N	G	U	D	I	E	G	L	R
R	O			M	D	C	I	R	L	U	R		I	R
Y	P	A	D		O	E	I	Y	U	G	C	A	S	E
I	H		M	E	W	D	L	L	A	O			M	L
N	Y			I	S	E	C	O	R	U				E
G	T				E	I		L	A	R	F	S		V
	E				S	S	S		L	R	S	E		A
R	A	L	L	E	T	S	T	T		E	I		D	N
			G	O	A	L	I	E	S		D	M		T

Puzzle # 38
ASSORTED WORDS 38

	G	N	I	T	A	R	E	P	S	A	X	E	H	F
			G	S	E	L	B	A	C	U	D	E	Y	A
				N		E							P	I
E	D					I	W	S					O	T
C	L	E	S			G	Y	S	P				C	H
	R	B	H	E	G		G	F	R	M			R	F
C	R	E	A	S	I	N	G	O	I	E	U		I	U
			E	P	I	R	I		D	R	T	L	S	L
				P	L	V	E	H		L	R	T	Y	S
					I	A	A	T	C		L	O	I	
						E	P	L	T	T		U	H	B
	P	I	M	P	L	E	S	M		U	A		B	
	K	A	E	B	S	O	R	G	I		B	H		
				E	X	P	A	T	I	A	T	I	N	G
C	O	M	M	I	S	E	R	A	T	I	O	N		

Puzzle # 39
ASSORTED WORDS 39

			G	N	I	Z	I	S	E	H	T	O	P	Y	H
A		H	E	A	R	T	B	U	R	N					H
	Z	G				M	E	D	I	C	I	N	E		
	L	I	N	S	D	R	A	I	L	L	I	B	A		
	A	M	I	C	A	B	L	E	A						D
D			U	U	L				P						L
R	I	D	D	T	T	W	Y	A	L	P	E	R	O	F	
U	L	S	E	O	C	H	A	R		E				C	S
G	H	A	R	D	S	E	S	R	E	D				K	T
S		E	C	U	U	A	F	F	C	I				S	I
T			C	I	P	L	G	F	I		K				L
O			K	R	T	C	E	E	Z		C			E	
R				L	T	I	N	S		Z			I	D	
E	T	O	R	Q	U	E	E	N	O			E		P	
S	R	E	K	R	A	M	R	M	G	C					D

Puzzle # 40
ASSORTED WORDS 40

				S	E	N	S	I	T	I	V	E	L	Y	
	H	E	A	D	H	U	N	T	E	R					
			Y	T	I	L	I	B	A	C	I	L	P	P	A
E	L	G	R	U	G	D			R	E	L	B	B	O	C
N	S	W	I	G	S	N			B					V	O
Q	E	S				E	U			E				E	M
P	U	S	V	R	M	B			G	O	T			R	P
R	I	H		A	E	P	R		N	R				C	L
O	V	R		M	R	L	R	A		A	G			H	E
H	E	I		U	G	T	B	O	S	Y	H			A	M
I	R	K		L	E			N	B	P	S		C	R	E
B	E			L				O	I	E	E			G	N
I		S			I					C	R	R	S	E	T
T					O	T	R	U	E	S	T	C	T	D	E
S	M	O	U	N	T	A	I	N	T	O	P	S	Y	D	

Puzzle # 41
ASSORTED WORDS 41

```
.  D  .  .  E  R  S  S  E  N  E  P  I  R  H
C  E  D  J  C  O  T  E  N  S  E  L  Y  A  .
C  A  N  S  I  O  N  T  G  N  I  H  S  U  R
F  O  U  O  S  M  U  E  A  .  .  .  .  .  N
L  A  N  T  I  A  I  R  C  R  A  F  T  .  E
A  M  G  N  E  T  P  N  N  S  E  .  .  .  S
G  O  E  L  E  R  A  Y  U  A  E  D  .  .  S
E  T  G  .  O  C  I  C  B  E  L  L  O  .  E
L  O  G  .  .  W  T  Z  I  .  N  E  A  M  D
L  R  S  .  .  .  .  I  E  T  .  D  S  O  .
A  E  H  .  .  .  .  O  .  S  .  O  E  C  .
T  D  E  I  K  S  .  .  N  .  E  .  S  .  .
I  .  L  S  O  N  A  R  P  O  S  .  M  .  .
O  Y  L  E  T  A  C  I  L  E  D  N  I  O  .
N  .  S  I  N  T  E  N  S  I  T  I  E  S  D
```

Puzzle # 42
ASSORTED WORDS 42

```
.  .  I  N  Q  U  I  S  I  T  I  V  E  L  Y
G  N  I  L  A  E  P  E  R  F  .  .  .  .  .
.  N  .  .  R  .  .  E  .  .  .  L  O  O  .
N  .  O  .  L  .  E  .  R  .  .  I  R  C  .
S  O  D  I  S  A  P  P  E  A  R  I  N  G  C
.  D  I  E  T  M  N  .  I  L  .  H  E  A  A
S  L  R  T  F  E  O  I  .  L  .  U  R  N  S
Q  G  I  A  A  F  R  U  M  .  L  M  .  I  I
U  N  N  U  L  O  C  N  E  .  A  .  C  O  .
E  .  I  I  G  L  D  S  T  S  N  C  A  N  .
A  .  R  M  E  A  .  I  A  O  .  L  I  .  .
S  .  R  E  F  T  .  D  I  .  .  L  N  .  .
I  .  .  I  N  I  S  .  D  N  Y  G  .  .  .
L  .  .  T  T  L  N  S  .  S  .  .  .  .  .
Y  R  E  L  W  O  R  P  S  S  .  I  .  .  .
```

Puzzle # 43
ASSORTED WORDS 43

```
.  .  Y  L  G  N  I  R  E  G  N  I  L  P
.  .  A  T  A  C  K  I  E  S  T  M  E
.  .  L  .  R  .  .  .  .  .  .  A  D
N  E  A  T  E  R  M  O  .  P  P  V  I
G  U  I  L  L  O  T  I  N  E  S  U  A  E  A
H  O  L  D  O  U  T  S  G  .  R  L  R  T
.  .  S  .  S  .  H  .  V  I  I  R
D  .  .  .  T  A  .  T  E  S  C  I
R  D  E  L  L  E  N  N  U  F  .  Y  A  K  C
I  E  .  .  T  A  .  .  I  D  I  J
B  T  .  .  S  .  R  .  N  E  N  U
B  .  S  T  U  B  B  O  R  N  G  G  S  G  N
L  L  A  C  I  T  C  A  R  P  .  I  .  K
E  .  .  S  L  L  U  G  E  R  U  M  M  I
.  .  V  A  G  U  E  R  .  .  .  E  E
```

Puzzle # 44
ASSORTED WORDS 44

```
.  G  S  D  R  E  H  S  T  O  P  .  O
.  R  Y  N  R  S  W  A  T  H  E  D  M  U
D  .  E  L  I  E  G  S  .  .  .  U  T
L  E  L  E  I  L  Y  D  N  E  .  F  S
B  A  T  A  V  N  A  F  L  I  B  .  F  T
P  A  N  C  U  I  O  I  I  E  W  U  L  R
R  L  T  I  A  T  T  O  U  T  I  O  T  E  E
E  S  I  H  D  Y  C  C  L  Q  R  F  H  R  T
V  L  S  L  I  U  A  E  A  .  O  E  T  S  C
E  I  I  .  A  N  T  L  L  O  .  L  C  U  H
N  C  N  .  .  C  G  I  P  L  I  .  L  O
T  K  U  .  .  .  G  R  E  D  D  O  F
E  L  O  S  W  A  M  P  I  N  G  T  A  C
D  Y  U  W  E  B  B  I  N  G  O  .  N  R
S  E  S  E  H  T  N  E  R  A  P  L  .  I
```

Puzzle # 45
ASSORTED WORDS 45

				B	C				E	S	R	I	D	A	N
Y			S		O	H			M					F	
E	T	F	S	C	D	O	O			B				L	
S	X	I	F	E	U	E	K	P		U	R			A	
	E	A	L	I	I	B	K	S	S	T		O		Y	
R		V	M	I	R	T	A	C	H	T				I	
	E		I	P	B	D	I	S	I	E	I			N	L
S		I		T	L	A	I	X		R	L	C		G	
	E		K		C	I	P	M	E	F	C	V	K		
		T		L	J	N	N	A		L				E	S
			A		U	U	U	G	C	Y	P				S
		T			S	R	J		N		M				
C	L	U	M	P	I	N	G	O	N		I		O		
						G			R	O					C
F	I	B	E	R	B	O	A	R	D	S	C				

Puzzle # 46
ASSORTED WORDS 46

	M	D					G	N	I	M	U	S	E	R	R
C		A	E	L	A	R	H	C	L	U	P	E	S		
O	G	N	I	T	N	E	U	Q	E	R	F	S			
N						D	E	X	P	I	R	E	S	T	F
F		N			E	S	R								E	O
I	Q		O	D	S	N	R	E					L	O	S
D	U	Y		I	E	D	H	O	T				L	T	T
E	E	S	L	A	N	I	R	E	C	T			A	B	A
	E	L	S	T	N	I	S	A	A	R	O	R	A	T	
R				L	E	N	O	P	A	O	D	A	T	L	U
E					E	S	A	M	O	T	B	S	P	L	T
D						C	S	I	A		N	K		E	E
T	O	E	I	N	G	N	O	D	L			A	C	R	S
S	E	I	L	P	O	N	A	P	A	Y				H	U
				R	E	P	L	A	C	E	R			P	B

Puzzle # 47
ASSORTED WORDS 47

M				G	E	A	S	T	H	G	I	R		P
I	S				N	C	L	E						A
S		R		M	S	I	A	U	C					R
L	E		E		O	T	T	E	B	N				L
A		S		K		N	E	T	P	I	A			E
I	S		S	D	O			I	R	E		F	R	Y
D	O			E		O			E	R	B		P	I
W	U			C	F		C	A	S	U	A	L		N
A	G	F			A		N				R	T		G
F	H	R			L		C	O	C	K	N	E	Y	S
F	T	E	N	F	R	A	N	C	H	I	S	E	D	
L	S	E	I	T	I	N	I	F	N	I				H
E		Z		D	E	G	G	I	W	I	R	E	P	C
S	G	E	N	U	F	L	E	C	T	I	O	N	S	
	R	O	V	E	R	E	X	P	O	S	E	D		

Puzzle # 48
ASSORTED WORDS 48

S	E	T	A	C	A	L	P								S
		S	P	O	K	E	N	I	N	E	P	I	N	S	T
P	Y	L	I	R	A	W			X		D				O
I	A	L	T	E	R	E	D			P		A			M
N	C			D	E	T	H	R	O	N	I	N	G		A
F	A	N	I	M	U	S			S			N	S	R	C
E	D						U		E			T	P	U	H
A	E							O	D			Y	E	F	A
T	M	S	R	E	D	N	U	O	L	F			E	F	F
H	I	N		R	E	V	O	G	N	U	H		D	E	F
E	C	S	E	D	A	R	G	N	W	O	D	I	S		R
R	A	T		T				R	A	E	D	N	E	T	A
S	L		A		U	S	U	B	D	U	E	S		R	Y
		H	P	L	A	C	E	S			T				C
		O	R	I	G	A	M	I							

Puzzle # 49
ASSORTED WORDS 49

			D	E	F	L	E	C	T	I	O	N	S	
S	S	I	E	A	R	T	H	S	H	A	K	I	N	G
	D	N	L	I			S	H	T	G	N	E	L	I
		R	O	I	N				T					N
			A	I	N	E	H	O	A	X	I	N	G	S
		B		O	T	A	X	O			R			T
			A		B	I	P	O	N			B		A
Y					R	S	K	D	M	R	O			L
	L				C	O	A	C	E	A	A	R		L
	E	N	D	U	I	N	G	A	P	C	B	S		A
			E			O	E	O	L	X		L		T
			V				T	S	T	B	E		Y	I
				E				S	S					O
C	O	M	P	U	T	E	R	I	Z	E	D			N
				C	H	E	R	O	O	T	S			

Puzzle # 50
ASSORTED WORDS 50

N			H	E	L	B	A	M	I	T	S	E	N	I
M	O			S	H	R	I	V	E	L	S	B		
U		L	G	N	I	Z	I	T	R	O	M	A		
S			Y			M		D	E	M	I	S	E	D
I				N	W	H	A	C	K	I	E	S	T	
C	C			S	E	I	L	F	E	S	U	O	H	
I	N	O	I	T	C	N	U	J	N	I		O		
A			N			G	N	I	R	E	K	N	A	H
N				G	C	A	D	D	I	E	S		I	
S				O	E							T	S	
H				I		S						T		
	E			T			T						A	
		R		E	S	E	B	I	R	C	S	N	I	B
			B	R				S	N	R	E	T	S	
				S	P	A	C	K	A	G	I	N	G	

Puzzle # 51
ASSORTED WORDS 51

		E		D	E	T	S	A	B	M	A	L		G
		S	V	B		F	A	M	I	S	H	E	S	E
		G	T	A	A	L	D	E	R	W	O	M	A	N
		S	A	E	D	B	G		D				V	E
O		C	S	S	N	E	E	N	S			W	A	R
C		R	H		L	G	D	L	I			H	R	I
C	S	E	O		C	I	Y	S	S	P		O	M	C
I	C	E	W		L	N	G	C	E		M	L	I	A
D	H	C	I		O	S		H		U		E	N	L
E	U	H	N		V				T		G		T	L
N	S	Y	G		E	O	V	E	R	S	E	A	S	Y
T	S		S	D	R	A	Y	N	R	A	B		L	
A	I	D	I	S	C	L	A	I	M	I	N	G		P
L	N	H	U	C	K	L	E	B	E	R	R	I	E	S
	G					G	L	A	M	O	R	O	U	S

Puzzle # 52
ASSORTED WORDS 52

	F	N		E	V	I	T	A	I	L	L	A	P	
R	E	K	O	R	B		N	S	D	N	U	O	S	
	L		S	I		P		T	H	E	O	R	E	M
	L			N	T		O	Y	R	E	E	L	H	U
I	S		S		O	A	Y	S		I			A	L
R	N	S	G	M		I	I	A	I		G		T	L
E	E	C	E	N	U	G	T	C	W	T		U	T	A
C	P	S	R	L	I	M	N	A	E	T	R		E	H
T	Y		U	E	M	L	I	I	I	R	L	O	R	S
I	T			P	D	R	L	T	S	L	P	E	N	
T	H			P	U	A	I	P	O	I	P	B	S	
U	O				L	L	H	V	O	P	M	A		
D	N	S	A	C	C	U	Y	O		A		S	U	
E	S				D	E	B	M	U	R	C		I	H
P	E	A	C	E	M	A	K	E	R	S				D

Puzzle # 53
ASSORTED WORDS 53

	H	I	P	P	E	S	T						R	H
S		R	S		B		M						A	O
D	T	T	E	T		R		A					M	B
D	E	N	N	L	A	E	O	D	R			D	I	N
R	E	T	E	E	T	O	V	A	E	G		E	F	O
E		T	E	M	R	S	B	I	D	N	A	B	I	B
V	E	C	A	L	N	E	U	R	S	C	O	I	E	
I	G	V	H	L	R	G	F	H	E	O	A	T	D	
T	S	O	I	O	I	A	I	F	Y	W	L	S	E	
A	I		G	T	K	T	C	A	I	E	O	P	T	D
L	P			A	C	E	U	S	R	D	C	P	X	S
I	P		M	I	S	M		R		A				E
Z	I	S	A	Z	N	E	D	E	R	C	A		P	
E	N					D	D	R	U	M	P	U	S	
S	G		R	E	L	A	X	A	T	I	O	N	S	

Puzzle # 54
ASSORTED WORDS 54

S	E	U	G	O	G	A	M	E	D					
S	R		Y	C	A	L	L	O	U	S	N	E	S	S
	N	E	D	G	E	R	E	F	U	S	E	D		C
		O	F	E	O	L	E	L	B	U	O	R	T	H
			T	F	L	L	B		S					A
			S	U	U	L	O	A	E	E				R
				T	F	L	E	I	T	N	N			T
					N		B	R	M	I	E	I		R
C	O	M	P	O	N	E	N	T	A	E	B	M	P	E
	L	I	G	I	V		M			P	D	A	A	U
			L	O	O	M	I	N	G		P	I	H	S
G	N	I	W	E	R	C	S	K	R	O	C	A	P	E
	G	N	I	Z	I	T	A	R	C	O	M	E	D	E
	G	N	I	Z	O	D	L	L	U	B	D			
						I	N	S	E	N	S	A	T	E

Puzzle # 55
ASSORTED WORDS 55

				I	P	A	R	A	B	L	I	N	G	S
C			C	I	M	B	A	L	A	N	C	E		C
I	O		O		G	H	E	U	G	N	A	R	A	H
R		M	M	I	L	N	T	L						O
C			P		N	A	I	S	A					O
L			O	L	G	T	U	S	I	M				L
E		D	S		I	A	I	X	S		R			C
T			I	E	M	A	U	M	E	A		O		H
U	F		T	S	L	A	N	N	A	S	R		N	I
R		U	E		P	B	C	T	T	C	O	A		L
M			S			R	B	I			I	M	H	D
O				S			O	A	N			E	O	
I					E		O	R	I				S	H
L			P	O	I	S	E	D	F	C	M			
S	S	E	B	I	R	B					S			

Puzzle # 56
ASSORTED WORDS 56

	D	E	T	A	I	R	P	O	R	P	X	E		
	S			N	S		E	L	U	B	O	L	G	
		O			E	R		O	U	T	R	U	N	S
C	O	M	P	L	I	M	E	N	T					I
I				Y			R	T						N
N				Y	T	D		A	S					S
U			L			U	T	S	E	I	T	T	E	P
N		G			N	D			D	N			A	E
D	G	E	N	T	L	E	N	E	S	S	N	A	M	C
A				I		S	K					E	B	T
T					Y		N						U	I
I						F		U					S	O
N	E	X	P	A	N	S	E	S		R			H	N
G	T	E	M	P	U	R	A	D	A	N	D	L	E	S
				E	M	B	L	A	Z	O	N	E	D	

Puzzle # 57
ASSORTED WORDS 57

	C		W		H					F			S	
	E		A			O	F	L	O	O	Z	Y	T	
S		N			S	T	N	U	A	G			R	
N	M			T		E		K		I			A	
I	A		G	N	I	Y	R	C	S	E		S	P	
P	N					P		O		S	M	W	L	S
P	I		S		Y	G	E		F		I	E	E	P
E	C	B	A	R	T	E	N	D	E	R	S	E	S	A
D	U	P	S	C			A	I	E		R	T	S	D
	R	O	S			I	R	S	K	S	U	E	E	I
	I	M	E			N	R		T	A	L	N	S	N
	S	M	S				A			S	E	S		G
	T	E	P	L	A	S	T	E	R	S	D	R		
	S	L				D	E	H	C	T	E	R	F	
R	A	S	L	U	P				S	O	L	E	M	N

Puzzle # 58
ASSORTED WORDS 58

					S	W	A	D	D	L	I	N	G	
	P		E			P	R	E	V	U	E	N	A	M
	L		N				R	M	E	T	A	L	S	
	A	R	C	L	A	S	P	I	N	G				
G	T	I	O					J	N	E				
L	T	G	R	T			O		T	Z				
I	E	I	E		C		H					A		
M	R	D	D			A		N					R	
P	S	N	O	I	S	U	F	S	N	A	R	T		B
S	U	O	I	C	A	L	L	A	F					
E	R	E	H	W		Y	T	I	T	N	A	U	Q	
S					K	I	T	C	H	E	N	I	N	G
		I	R	R	E	V	E	R	S	I	B	L	E	
P	H	O	N	O	L	O	G	I	S	T	S			
S	L	I	S	N	O	T	A	R	G	O	T	S		

Puzzle # 59
ASSORTED WORDS 59

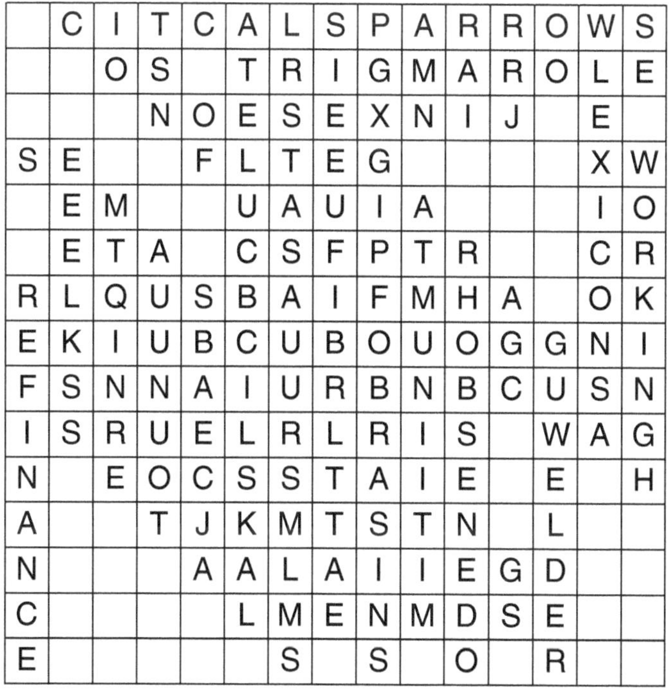

	C	I	T	C	A	L	S	P	A	R	R	O	W	S
		O	S		T	R	I	G	M	A	R	O	L	E
			N	O	E	S	E	X	N	I	J			E
S	E			F	L	T	E	G					X	W
	E	M			U	A	U	I	A				I	O
	E	T	A		C	S	F	P	T	R			C	R
R	L	Q	U	S	B	A	I	F	M	H	A		O	K
E	K	I	U	B	C	U	B	O	U	O	G	G	N	I
F	S	N	N	A	I	U	R	B	N	B	C	U	S	N
I	S	R	U	E	L	R	L	R	I	S		W	A	G
N		E	O	C	S	S	T	A	I	E		E		H
A			T	J	K	M	T	S	T	N		L		
N				A	A	L	A	I	I	E	G	D		
C					L	M	E	N	M	D	S	E		
E					S		S		O			R		

Puzzle # 60
ASSORTED WORDS 60

	D	S	T	A	R	T	E	D						
	P	E		S	G				O					P
G		A	L	D	E	N	O	T	I	N	G			H
R	N		Y	E	E	I	I				K	H		I
U		I		L	C	T	L	D				E		L
B			H	H	O	R	N	E	N			R	Y	O
E	R			T	S	A	A	U	M	A		T	S	D
L		O	C			O	D	P	O	O	M	Z	C	E
L	G	R	A	P	H	I	T	E		C	C	E	A	N
A		U	H	D	G	N	I	N	A	S	C	S	R	D
		I	O		E	D	U	T	I	T	T	A	L	R
		N	O			S			N	K			E	O
		E	T				T			U		C	T	N
		D	S							R			A	S
P	R	O	F	A	N	I	N	G	E				M	

Puzzle # 61
ASSORTED WORDS 61

```
E   P           D
  C P R E V A I L S E
    I   O   S T       K     M
D G   V D T I I Y T I R A P I
  E N G E E O H S K N U L C C
    G I N D T P C O         R
F P E N D I   I L N P       O
  L U X I R L   R A A E     S
G N I R E W O P M E S R D   C
S N   C P M T C M   H M F   O
L I   K O P   S U   N I N P
E   Z     S T   I R   I C E
A     A   E     D C
Z I M M E R S E S I R I N G
Y       G     Y W E N I S
```

Puzzle # 62
ASSORTED WORDS 62

```
A D       G N I R R E F E R P P
  P E       B           I   D I E
E   P K S O         D B I N R
I T   A C D T       U O S F S
P N A   L I N S     C U S O U
R R H L   L R A E   I N O R A
A O E I P Y I B S Y A C L M S
C B B P B M G N I T R E V A I
T J U O M I E O G   I P E T V
I   E S T E T T L   E   S I E
C     W Y I T I N O S     O L
A     E W C S O O I       N Y
L       L O S I N C T   A
L   C A L L E R S D S   E L
Y T A C K L E R K T O U C A N
```

Puzzle # 63
ASSORTED WORDS 63

```
  S S E C N E I D E P X E
E E K E G A   G N I T I M O V
  T Z I I N         Q I
    A I E C I       U S T
S     G R H N T     I J E T
H     H O O S E P   B U M I
O     E   R H C T U   B D P N
W     A B W B T E S R L G T K
I     R E O   A U N I E M A L
L B A T H M A T S A E S E T I
Y     E E E S H O R E D N I N
  G   D S N           T O G
    N   T S H I R K E D S N C
    L A B Y R I N T H I N E
E L B A R E P O N I
```

Puzzle # 64
ASSORTED WORDS 64

```
E       Y S N O I S S I M E
  V B       L   G N I H S E L F
C Y I I M   L   R E P E L S
  R L E R A   A R U M M A G E
D   E S C D R   C S E T S E T
B E   A U N B G N I T N I E F
S O T   T O O R O   T       P
G L D L S U I C A T   P     U
A L K I P R L O I P   O   R
L   I I U O E L Z N Y       L
O     F N Q R   E E E R     I
S     E S   D   B N D C N
H   S Q U I R M S W   E     G
E D E B I L I T A T E   R
S E I R O T A G R U P D
```

Puzzle # 65
ASSORTED WORDS 65

Puzzle # 66
ASSORTED WORDS 66

Puzzle # 67
ASSORTED WORDS 67

Puzzle # 68
ASSORTED WORDS 68

Puzzle # 69
ASSORTED WORDS 69

O					G	N	I	R	E	T	S	U	L	C
Y	T				T	N	E	L	O	V	E	L	A	M
E		N				R	E	S	O	L	U	T	E	R
A	G	N	I	T	A	D	T	S	O	P		D		U
S		E	X	P	O	U	N	D	I	N	G	I		L
T		B	L	A	R	N	E	Y				S		E
S	F	O	R	B	I	D	D	I	N	G		K		R
G		A	V	O	I	R	D	U	P	O	I	S		S
A	S	E	L	A	T	S	S	W	A	S	K	C	U	B
W				O			S	T	D	E	K	C	I	R
K			H	O	U	S	I	N	G					
I				K			M	U						
E	M	U	T	I	N	E	E	R			D	A		
R		P	R	E	T	E	N	D	E	R	A			
S	G	N	I	M	O	C	E	M	O	H				

Puzzle # 70
ASSORTED WORDS 70

	H	E	X	P	O	N	E	N	T	I	A	L	L	Y
	A	N					C	H	B			O		
Q	R		A				L	U	U			R	E	R
U	R			M		M	A	M	R			D	X	E
A	O				S	I	S	P	N			S	T	F
R	W					S	H	E	I			H	E	R
R	E	Z	I	T	U	P	E	D	S			I	N	E
E	D	A				L	D	N	H	N		P	D	S
L	S		L			A			I		A	S	A	H
S	M			P		C			N	S		E	B	E
	E				A	E				G		U	L	R
Y	L	S	U	O	U	C	O	N	N	I		B	E	C
	T	N	E	M	E	T	A	T	S	R	E	V	O	
	S		E	T	A	L	O	S	N	O	C	S	I	D
			E	C	C	E	N	T	R	I	C			

Puzzle # 71
ASSORTED WORDS 71

S					C		D							
	N	D				O	D	E	C	N	I	W		
		O	E				R		F	I	X	I	N	G
	S	L	I	X	D	A	R	L	I	N	G	S	S	R
M	C	E	R	T	A	I	N	E	R	N			A	E
E		E	I		A	F	O	S	C		E		N	M
S		R		C	B	V		R	E	T			D	O
M	P	I		A	A		I		E	N	N		A	D
E	L	N		T	N	R		R	G	R	I	E	L	E
R	O	G		B	G	R	C		P	N	B	R	S	L
I	P			I	L		U	O		E	I	M	A	S
Z	P			R	E			P	T		D	Y	O	M
E	I			D	S				S	U			A	S
D	N	A	M	S	D	U	B	M	O		A			H
	G			H	A	N	D	B	A	G	G	I	N	G

Puzzle # 72
ASSORTED WORDS 72

					D	G	N	I	Y	F	I	T	O	N
		P		C	H	E	E	R	I	N	G			
	N		H	S		E	S	P	O	C	K	E	T	S
	O	D	H	A	D	C	T	S	W	A	S	P	I	R
	R	P	E		R	O	S	E	E					
J	T	E	R	N		M	G	Y	R	R				
I	H	R	B	G	A	P	A	I	A	O	T			
N	W	I	I		N	L	R	C	M	W	D	T		
R	E	P	V	R		I	P	E	I	E	H	O	U	
I	S	H	O	E	D	M	T	A	R	S	D	T	X	B
K	T	E	R	V		E		O	U	E	T		A	Y
I	W	R	O	E		N	C		O	Q	F	S		P
S	A	I	U	N		T		A		F	A	L		
H	R	E	S	U		E			M				I	
A	D	S		E		D	E	U	Q	I	S	Y	H	P

Puzzle # 73
ASSORTED WORDS 73

	S	N	I	P	E	D	I	E	T	I	T	I	A	N
	H	E	M	O	P	H	I	L	I	A	C		F	
E	X	H	I	L	A	R	A	T	I	O	N		I	
		G		C		E	N	G	U	L	F	I	N	G
W			N	B	R	V	I	P	E	R	S		G	
I	R	D		I	A	A							E	
G	E		I		P	C	W	O	L	L	E	F	R	M
G	A			S		M	K	F					P	I
L	N				C	C	A	R	I	N	G		R	L
I	I	H	S	I	F	L	E	R	E	S			I	E
E	M	Z			K	A	O	R	C	S	H		N	S
S	A		A					S			T	E	T	T
T	T			R		D	E	S	U	F	F	U	S	O
	E				D	E	S	S	U	R	T			N
			Y	L	G	N	I	D	E	E	C	X	E	

Puzzle # 74
ASSORTED WORDS 74

	B		S	G	N	I	R	E	K	N	A	H		
		L	S	K	C	O	D				F			E
	S		U		E	A		E			E			N
C		E		R		R	L		D		L			F
	A		N		R	G	E	A		A	L			R
		T	D	I	B	Y	N	C	M		E			A
T			A	E	T	U	P	I	N	I	S	L	L	N
	S			P	S	L	L	O	T	I	T		A	C
		E			U	P	A	L	L	U	S	I	T	H
F			K	M		L	I	S	D	L	L		E	I
	E	G	G	N	O	G	T	S	T	O	A	F	N	S
		L		A	N				I	A	Z	C	T	E
		T			L	T				N	E	E	S	S
			E			B	H				G	L	R	
					D	A	L	L	E	B	U	R	B	

Puzzle # 75
ASSORTED WORDS 75

L	I	A	R	D	R	A	U	G						
R	I	N	C	O	H	E	R	E	N	T	L	Y		
	E		A	B	R	I	D	G	M	E	N	T	S	
G	N	I	N	O	I	T	N	E	M					
	R	I	P					K	I	D	D	I	N	G
M		U	N	O	C	I	T	S	I	N	O	D	E	H
	I			E	T	C				F		J		
N	D			S	E	O				F	D	E	S	
I	S	E	H	P	O	R	T	S	O	P	A		C	
S	T	H	U			M	D	O			W	G	U	T
E	O		G	B			E	I	H		D		D	
R	V				I	M		S	C	P	L		S	
I	E			E	I				T	T	E			
E	S				N	O	V	U	L	A	T	E	S	S
S	C	O	N	G	R	E	S	S	I	O	N	A	L	

Puzzle # 76
ASSORTED WORDS 76

			D	E	T	A	I	R	B	E	N	I		
	G	R	O	W	L	E	D		R	E	I	S	O	R
						G	N	I	T	C	E	P	X	E
R		E	S	T	A	B	L	I	S	H	M	E	N	T
F	O	R	E	W	A	R	N	E	D	L				
J		D	E		C	P	I	T	C	H	I	N	G	
O			A	X	R	D						K		
U				T	U	S	A	L	T	P	E	T	E	R
R					S	D	N	E	P	P	A		S	D
N			D		T	I	E			H			I	
E			W	S		U			W			M		
Y	G	N	I	S	O	H		Q			O		P	
M		S	T	P	I	R	C	S	N	O	C	R	E	
A	S	O	U	R	L	Y	C				O			R
N	Y	L	E	V	I	T	R	U	F		C		S	A

Puzzle # 77
ASSORTED WORDS 77

```
K Y L S S E L D N U O R G I
  S   B F L O W E R Y H   N
G   I A   M S I N O D E H T
  A D E R E F F U B     R E
  S   B E T A C K L E B P R
G   T E   T S         I O P
G N I R R I T S E B     V M O
I N I   E O     A L     O M S
Y N O T D S N       L   R E I
  O V I E E P O       U E L N
  W E S K R Y M     L   D L G
  L R I C E I Y B E R E H
  E T V A T N       G D
S T E W E D S I R T G     A
D E R E T I M     D B O       B
```

Puzzle # 78
ASSORTED WORDS 78

```
    S T U M P Y     E E   T
  P U R I F Y I N G N M S I
R A   T R         T B U P
B   E S N O I N I P O E E P S
A   D T S C D H     R D E I
N V   E R I O D S     P   R L
I   O   Y A D N L     R   S Y
S     C   A C U T E     I   T I
T Y S S A S L T O R S S   A N
E L I H W D   P I U A E   R F
R     S P O O C E N S C     L
S M O T H E R E D R G N T   A
  M U I R O T A R O M   E S T
      C E R V I C A L   S E
      G N I T H G I A R T S
```

Puzzle # 79
ASSORTED WORDS 79

```
  O V E R E X P O S E S
    D E T A L O C R E P   R
    E N A C T M E N T     H
S   S E C N A N I F       E
L E B U N N Y D E B A E S C U
E   T D   C E A S I N G   O M
E C R U D D Y L       C M I
P   D P F     O       L M E
W     I   N       V     I E S
A M   N V B O O S T E R Q N T
L O   G   I   C L F   N U D
K L       L     D F   E A
I T D E L A E V E R I U S B
N S R E R E D R U M   E M L
G   G N I S S E S B O S E
```

Puzzle # 80
ASSORTED WORDS 80

```
    I D E N T I F I A B L E
S T O C K S B A S     M O
S S A R A H L P S I     O B
A E         U P E   E   D D K
L S L       R R R     R E U N
T   E B E   R O E E     R R I
W K   D M X I V S   T   A A C
A   E   I U E I T     E T T K
T   E   R R N       E I K
E     N   Y G N       D N N
R     D I S L O C A T I N G A
  R E I Z T I R J D E T T O C
Y L E V I T C U R T S E D   K
G L A C I A L L Y R A C C E P
    C I S N E R O F
```

Puzzle # 81
ASSORTED WORDS 81

		D	E	T	N	E	I	R	O	S	I	D	L	
			L	I	O	R	B	M	E				A	
D	S	A		B	T					I			Y	
	E	E	L		A	E	T				S		P	
I	L	M	C	K		N	L	S				O	E	
M	B	C	L	I	A	D	K	G	E	S	T	U	R	E
M	O	O		I	R	L	E	R	N	I			S	C
A	W	N	L	G	F	T	I	V	U	I	T		O	
T	S	V		L	N		U	N	L	P	R	S	N	
U		E			I	I		C	I	A	T		U	
R		X			N	V		E	T	C	I			G
E		E			G	A		X	Y			N		
S		D	S	E	L	G	N	A	T	N	E			G
	R	E	I	L	A	V	A	C	S					
	A	B	S	C	O	N	D	S	T	E	L	L	A	R

Puzzle # 82
ASSORTED WORDS 82

	Y						D	E	R	O	T	C	O	R
	Y	L	B	I	S	N	O	P	S	E	R			M
		E	L	O	P	E	G	D	I	R				E
D		L		A		T	I	L	R	A	T	S		T
Y	E	E			C			W	O	L	L	A	T	A
	L	V	S	N	O	I	T	U	N	I	M	I	D	M
	F	E	I	C	S	S	G	N	I	K	A	M		O
S	L	L	R	L	I	T		O	E					R
L	A	L		U	S	L	N		L	D				P
I	S	E			T		A	A	P	O	I			H
T	H	R				A		H	L	E	E	V		O
T	B					M		P	P	D	D	E		S
I	A		C	A	V	E	A	T	T	E	D	A	I	E
N	C	D	R	A	O	B	A	E	S		C		L	S
G	K		O	R	G	A	N	I	C	A	L	L	Y	S

Puzzle # 83
ASSORTED WORDS 83

Y	L	L	A	C	I	T	N	E	D	I				
			A	M	P	E	R	S	A	N	D			
S	E	G	N	I	B	G	N	I	D	A	E	R	E	R
P		Y	S	E	C	N	E	C	I	L				
N			A	W		O		S	R	E	S	A	L	
E			P	W	O		S	N	I	A	D	S	I	D
U	R		I		N	L		A	D	E	L	I	R	
M	O		C			O	F	P	O	T	T	A	G	E
O	D		K	G	A	Z	I	N	G					U
N	E	T	A	R	G	E	T	N	I	S	I	D		N
I	N		X	S	R	O	T	N	A	R	A	U	G	L
A	T			M	O	T	N	A	H	P				I
			T	N	E	T	I	N	E	P	M	I		K
	N	I	G	H	T	H	A	W	K	S		O		E
	M	U	R	A	L	I	S	T					C	S

Puzzle # 84
ASSORTED WORDS 84

				B	S	N	I	K	S	E	R	O	F	K
C	O	N	F	I	G	U	R	A	T	I	O	N		I
	N	R	S	D	H	N	R							N
		E		E		S	O	E						E
	C	C	M	T	B	S	I	I	N				T	M
	O	K	S	S	A	O	K	D	S	R			A	A
P	M	L	O	N	S		R	C	D	S	E		B	T
R	P	E	G	R	I	E	T	H	A	A	I	D	O	I
E	L	S		R	C	A	N	S	T	R	F	M	O	C
P	E	S			A	H	T	I	E	A	C		E	M
A	X	L			L	C	I	R	S	D	B	M	D	
R	E	Y			L		E	D	E	U	U		I	
E	R				Y			D		C	B	O		G
D			C	O	N	Q	U	E	S	T	S		L	
					P	L	O	D	D	E	D	A		

Puzzle # 85
ASSORTED WORDS 85

	M	I	N	E	R	A	L	O	G	I	S	T	S	
	R			O					C					V
S		E			I	L	A	R	O	T	T	I	L	E
U	E		T	G		T		U	N	L	E	A	R	N
L	G	N	S	E	N	C	A		I			M	T	T
P	D	N	A	E	M	I	O	X	F			I	E	U
H		E	I	L	X	A	T	R	E			N	N	R
U			G	P	P	A	I	U	R	N		I	S	E
R			G	M	W	O	D	O	U	N	M	I	F	
S					A	A		C	U	R	P	A	N	E
	S	W	O	R	N	R	O	C	S		G	T	G	D
		D	L	O	H	E	E	R	F			L		
	Y	L	T	C	E	R	R	O	C	N	I			Y
D	E	R	E	V	I	H	S	E	L	F	S	A	M	E
		S	S	E	R	T	S	I	M	D	A	E	H	

Puzzle # 86
ASSORTED WORDS 86

C	S		D	E	T	R	E	V	O	R	T	N	I	
T	O	E		D	I	S	E	M	B	A	R	K	E	D
A	S	N	T		D	I	S	C	E	R	N	E	D	W
R	K	E	C	A	T	R	I	A	T	H	L	O	N	I
T	Y	F	D	L	M	C	E	R	R	O				L
L	S	A	S	I	U	E	A	R	E	E	P			D
Y	C	S		Y	L	S	R	R	U	G	D	I		C
	R	H	S	R	A	G	I	C	E	T	G	L	C	A
P	A	I			D		V		T	A	O	O	T	
L	P	O				H		E		N	M	L	M	
A	E	N		C	O	N	T	I	N	U	U	M		
N	R	E		B	O	X	E	R				O	I	
A	S	D		S	E	T	A	I	T	I	V	O	N	C
R	E	S	O	U	N	D				B				
				S	Y	A	W	E	G	A	S	S	A	P

Puzzle # 87
ASSORTED WORDS 87

T	I	N	S	I	D	E	S	E	H	T	A	W	S	
	S	S	S	E	N	H	G	U	O	R				C
T		E	O	E	O	R	E	I	P	S	I	W	E	O
	N		I	R	H	G	E						X	N
C	E	E		C	B	S	N	T				T	C
S	O	N	M	B	E	E	I	I	T			R	E
T	E	M	O	H	R	E	T	M	M	A		O	N
H		C	P	T	S	O	L	S	A	A	C		V	T
I		V	S	O	S	I	G	F		F	L	S	E	R
N	O	S	A	E	S	D	N	A	R	B		F	R	A
L			L	R	T	A	A	N				S	T
Y			V	O	E	E	B	S			I	I
			E	U	D	H				O	N
	D	E	T	A	N	I	L	L	O	P		N	G
R	E	K	L	A	W	Y	A	J	F				

Puzzle # 88
ASSORTED WORDS 88

	L		S		P	M	G	S	M	O	K	E	D	Q
S		I	S	R	R	R	O	N						U
I	S	A	R	K	O	E	O	P	I		G			I
L	M		U	B	C	T	G	V	P	T	U			C
K	U		T	M	I	A	N	O	E	T				K
E	G			H	U	R	R	I	K	T	A			E
N	G				O	T		T	R	E			H	N
Y	L	S	U	O	E	G	R	O	G	L	R	S		E
	E		S	R	E	P	P	I	H	C	I	E		D
O	R	C	H	E	S	T	R	A	T	E	S	F	D
	Y	H	T	R	O	W	E	S	I	A	R	P	N
S	I	N	G	L	Y	T	O	O	F	E	R	A	B	I
			K	N	A	C	K	I	N	G				
P	O	S	T	S	C	R	I	P	T			A		
		S	E	G	N	U	L	P						N

Puzzle # 89
ASSORTED WORDS 89

Puzzle # 90
ASSORTED WORDS 90

Puzzle # 91
ASSORTED WORDS 91

Puzzle # 92
ASSORTED WORDS 92

Puzzle # 93
ASSORTED WORDS 93

B		S		N		K	A	E	U	Q	S	P	I	P
I	L		R	N	O	I	T	A	N	I	C	S	A	F
R		U	D	E	Z	I	N	O	L	O	C	E	D	
D	B		N		Z	Y	T		W					P
B	A			T	S	I	R	A		A				R
A	C	L	G		E	S	R	R	L	I	R			O
T	K	A	A	N		S	E	O	A	U	B	T		S
H	S	S	I	E	I	D	T	N	D	C	P	B	Y	P
	I	E	P	R	S	E	E		H	O	S	O	A	E
	D		S	U	B	N	E	S		S	E	I	C	R
	E			R	H	R	U	S	W		I	D	M	I
	S			E	S	U			R	O		P		N
					V	U	S	W	E	R	B	M	G	
S	H	I	V	E	R	E	D	P	H		V	D		I
		A	B	Y	S	M	A	L				O		

Puzzle # 94
ASSORTED WORDS 94

G					K	R	A	U	C	O	U	S	L	Y
	N				G	I	E	C	N	A	U	N		
R	E	I	D	R	E	N	B		L	A	C	I	N	G
G	S	H	T	A	E	H	I	I		O				
R	N		D	A		G		R	T		N			S
A	D	I		E	R		N		O	Z	C			Q
T	D	E	Z		T	T		I		J	E		H	U
I	B	E	T	I	Y	I	S		T		A	S	U	I
O	T	U	R	E	T	L	S	A		C	L	M	D	R
N	I		M	E	V	A	K		C		I		D	T
A	N		P	M	F	I	V	N	B		N	P	L	S
L	N		O		E	L	R	I	A		G		E	
L	I	P	O	U	R	S	I		R	L			S	D
Y	N		C			T	P	N	P	B				
	G		H		D	O	W	N	S	I	Z	E		

Puzzle # 95
ASSORTED WORDS 95

			H			Y	S		S			I		
				A		L	N	H				G		
C	C		S		I			D	E			L		
	O	A		T		L			L	A		O	M	
	M	N	R	A	S	Y	E	L	L	A	K	O	O	
	M		T	J	P	A		D	E	B	B	S	N	
G	U		D	E	A	P	L		D	N	O	H	O	
	N	S		N	N	C	R	B		O	T	E	P	H
	I	I	D		E	D	K	O		R	T	A	O	A
	O		R	W		M	I	S	V	M	O	T	L	L
	N			R	O		M	N		A	M	H	I	I
			A	R		O	G	L	L	E	E	B		
				M	C		C	I				S	S	U
	I	N	V	E	S	T	I	G	A	T	I	N	G	T
S	R	A	T	S	E	D	O	L			Y			

Puzzle # 96
ASSORTED WORDS 96

	G	N	I	K	C	I	L	U	A	R	D	Y	H		
M				S	R	E	I	F	I	N	G	A	M		
O	O	R		F	E		S	O	N	N	E	T			
L	B	R	E	E	H	O	M	E	M	A	K	E	R		
L	L	A		D	E	G	D	I	R	B	T	O	O	F	
I	A	N		E	A			A							
F	T	G	R	R	L	E		G	R	O	O	M	S		
I	I	I	E	A		F	H			E			C		
C	O	N	Q	L				I			P		U		
A	N	E	U	I	C	H	A	N	T			S	T		
T	S	S	I	S				R	E	G	I	M	E	S	
I		S	T	T				B	O	W	E	L	S	D	
O			E	S	L	E	B	E	R					I	
N	R	E	T	L	E	W	S	G	A	R	A	G	E	D	
						G	H	O	U	L	I	S	H		

Puzzle # 97
ASSORTED WORDS 97

Puzzle # 98
ASSORTED WORDS 98

Puzzle # 99
ASSORTED WORDS 99

Puzzle # 100
ASSORTED WORDS 100

Puzzle # 101
ASSORTED WORDS 101

```
. . . D G C A R E T A K E R
. . B . N N E L B I G E L L I
P C . A . U I S R E T T U L F
E M A G R G O Y P N O N C O M
R E . N N B N R A A
I L G A C I E I G L S
L L N N I E L R M E K T
E O E . I R L E E L L C O
D W C S R O S I V D A T I R
. E K . . . T T N E . C T R
. S L . . . U R G L . E A B
. T I A . . . . A I . . B B
. . N . U . . . . . P
. . E . Q . . T E S S A
. . S . . S E R U T A E R C
```

Puzzle # 102
ASSORTED WORDS 102

```
S . . . S G N I R P S F F O
T S T O C K A D I N G R . U L
I . T N E M G D U J . O . T I
N . . . . H . . . E T . L V
G D E T A L O M M I X O . I E
I C L A T I T U D E T R . N R
N Y I . C R E A T O R . . E I
G . E T . O L O . . A . D E
H O C K E Y N A P M O C C A S
. . C N . F . T S
. E L B A R A E W E N
K I C K S . L E . S . D A
. R O L I A T B . S . . C
G N I M O C L E W Y N A D E S
S E K A T E R . A H C A D
```

Puzzle # 103
ASSORTED WORDS 103

```
. . . . B P E R P E T R A T E
S A T T R O P X E . . . . . S
A T I N S . P E D E R A S T L
S . N G E E O P P R E S S . A
T H T E O M T . I . . . O U
O P I R I L H N . N . . P G
N E D R I T O S U . G . E H
I E B . R D A P I A . . N T
S R I . . E P A N G . W E
H A T . . A N C H O V Y O R
I G S Y L G N I T I B M R I
N E V I T I D D A S . D K D
G . A N T I T H E T I C A L
. . . S N O I T A R G I M E
. . Y G O L O H T I N R O S
```

Puzzle # 104
ASSORTED WORDS 104

```
. . . T P I R T S T U O . . N
G G A M B I T . . . . D . E
. N N T D . . . M A T I N G
O D I I S L R E P E L . S . A
V E D T M E O . . . R T . T
E F . E I O P C . . E R . I
R O . C L U R P S . T U S V
A R B R E A C H I N G O S C I
C E S O . E R C H . U T U T
H S E C . P I . . C I R Y
I T E U . . P C . H N R
E S D S G N I Y R A V I G I
V . E E T A N I D R O N I E
E . D S T N A N N E P G . D
R G N I Y L P P A S I M
```

Puzzle # 105
ASSORTED WORDS 105

Puzzle # 106
ASSORTED WORDS 106

Puzzle # 107
ASSORTED WORDS 107

Puzzle # 108
ASSORTED WORDS 108

Puzzle # 109
ASSORTED WORDS 109

Puzzle # 110
ASSORTED WORDS 110

Puzzle # 111
ASSORTED WORDS 111

Puzzle # 112
ASSORTED WORDS 112

Puzzle # 113
ASSORTED WORDS 113

		E	L	D	D	I	D	A	W	N	I	N	G	M
	D	G	N	I	L	B	A	S	I	D				O
L	D	E	P	O	O	C	S	P						R
A			N					H				O		A
B	C	O		O		G		Y				B		L
O	P	R	U	S	M		N	X				E		I
R	R		O	T	E	E		I			C	I		Z
I	E		D	S	I	S	L	A	P		L	S	A	E
O	S	F	N	E	S	N	S			R	E	A	N	S
U	S	A		E	S	F	G				A	N	K	
S	E	L			M	L	I	S	L		V	C	L	
L	D	T			W	U	R		B	I	E	E		
Y		E			E	P	E		N		D			
	Y	R	A	M	E	S	O	R	M		G			
S	T	S	I	N	U	M	M	O	C	I				

Puzzle # 114
ASSORTED WORDS 114

	G	N	I	Z	I	N	E	G	O	M	O	H		
D	E	R	R	E	F	N	I	S	E	K	I	R	T	R
	P				I	N	B	R	E	D			L	I
I	R		E	V	I	S	O	R	R	O	C		O	N
N	O			C	O	M	P	O	U	N	D	I	N	G
F	M	H	A	N	D	W	R	I	T	I	N	G	G	M
I	P	C	L	E	W	E	D	H					I	A
L	T				M		O						N	S
T	E		Y			D		R		M			G	T
R	S	T	S	E	B		E		A		E		S	E
A	T			L			T		H		Y			R
T			D	E	R	O	S	N	E	C		S		
I			E	X	P	A	N	S	I	V	E	L	Y	
O	S	E	E	T	N	E	S	B	A		M			
N			G	N	I	Y	F	I	L	L	U	N		

Puzzle # 115
ASSORTED WORDS 115

S	U	N	R	E	A	D	Y					P	P	
	N	E	X	I	S	T	E	N	C	E	S	L	R	
		O	E	Y				N				A	E	F
			I	T	T		C		I			T	J	L
	H		S	N	U	I	D	H		A		E	U	U
	E	U		E	U	P	L	E	U		G	F	D	O
S	M		M	L	B	M	M	A	L	R		U	I	R
	O		B	M	U	I	M	A	N	E	N	L	C	O
P	R	B	S	R	I	F	R	O		I	H	E	E	C
O	R		M	D	O	N	R	C	C		G	S	D	A
L	H			U	N	O	G	E	S			I	U	R
Y	A			J	U	D		E	N				R	B
G	G				O	E		H	I					O
O	E	K	O	P	E	C	K	R	R		C			N
N	S		G	N	I	K	C	E	N	H	G	U	O	R

Puzzle # 116
ASSORTED WORDS 116

E	N	E	L	A	H	T	H	P	A	N				
G	M	O	O	L	R	I	E	H						
	N		I	D	E	V	A	L	U	I	N	G		P
		I	Y	T	I	C	I	T	S	A	L	E		A
I		C	E	D	A	R			W	O	R	M	Y	R
G	M		O	U	L	C	E						N	A
P	N	P	T	N	L	O	S	T	H				Y	T
H	S	I	L	S	S	C	H	I	L	A			L	R
O	R	U	K	A	I	U	S	E	F	I	L		O	O
E		E	F	C	N	T	L	R	B	N	F	O	N	O
N			C	A	I	T	O	T	E		O		S	P
I				A	N	S	I	N	S	V		C		E
X				N	S	U	N	P			I			R
E					T		M	G	Y			L		S
S	U	O	L	U	D	E	R	C	N	I	H		S	

Puzzle # 117
ASSORTED WORDS 117

```
    R E S E A R C H E S E L I R
S   O M E L E T S D E R H S
S E H S I N E L P E R
E N I B M U L O C       M
  H O R S E W H I P P I N G
  U N G A               N
A   N U N N       S T U B S P
  S   D M I O L       T     E
      S   E E D I O     E   P E
I M P A I R R D T N   S   O K
          U   D A O C E T   R A
T I G H T L Y O T N I L   T B
G N I L I A T H G I H D Y A O
    B O O B I E S S N     L O
T E V I R T     D     G   S
```

Puzzle # 118
ASSORTED WORDS 118

```
G N I D N U O R G E R O F
H         Y G E C N E L A V
E   D E F O L I A T I N G
N     C R     B B       T
C E   A A       E I H O T E L
E P C     T E B M E N     O
F   I N     A L A A F G       D
O D E T E S O L C G N
R E   S   R L   O U G T
T R   E   E A   G N I R
H M     I   H T   S   N A
T A R T E D S   O A C I N G S
S L L I R H S M   C F
    H A R B I N G E R S
    S R E K C U S
```

Puzzle # 119
ASSORTED WORDS 119

```
G   B D I S C O U R T E S Y
R   P L E D N O C E S O N A N
A   A U Z     O   H C D
C S D   L R A   N   A I I F I
E   D E   E T L D   N R S L N
L V   L S   R I E V D C C O T
E C I D O R     N O S U R O E
S R O T A F U   S G O L E R R
S O   R I E N C I U M A D B W
N W     N T T U N E E R I O E
E B     B E S G D S I T A A
S A     R P D   T Z A R V
S R       E M E   I B D I
S P R E E I N G A O B N L S N
  H O T S H O T S D C G E   G
```

Puzzle # 120
ASSORTED WORDS 120

```
          G N I T S I O H
        C R U D E N E S S
    E   C O L T I S H A
D P C   A       C E   I
    O   N T B   Q R   O   F
I S W   E   Y   U O   V     E
N T L E D I   S M A C   L     D
S E S A L E D   M   C N     A
T D N   N L G E Y A   K A     S
A   A     G I N B   L     R
N   C       Y N A O L
C   K         G H S   Y
I   I   S E D A U S S I D
N U N I T Y S E V R A W D
G   G   S L A U X E S O M O H
```

Puzzle # 121
ASSORTED WORDS 121

1	2	3	4	5	6	7	8	9	10	11	12	13	14	15
					B	D	A	E	R	F	O	O	R	P
T	S	I	G	O	L	O	H	T	Y	M				C
L			S	O	H	C	Y	S	P					O
I	N	T	E	N	S	E	R	H					I	N
G		S	D	R	A	O	B	R	O	O	L	F	N	F
H		G	N	I	M	A	H	S		O			F	E
T		A				S		T			D		A	C
N				Q	D	E	G	G	O	L	C	S	N	T
I	D	R		U					N	L			T	I
N		E				A				O	L		R	O
G		F	S			R				G	S		Y	N
E		R	B	A	S	S	I	N	E	T			M	
D		A				I	E	R	U	T	A	M	R	A
		I				B			M	T	E	E	N	S
	I	N	A	C	T	I	V	I	T	Y				

Puzzle # 122
ASSORTED WORDS 122

1	2	3	4	5	6	7	8	9	10	11	12	13	14	15
				H	U	C	K	L	E	B	E	R	R	Y
A	R	C	H	I	V	I	N	G	N	I	D	D	A	P
	F	P	I	H	S	N	A	S	I	T	R	A	P	
		F	R	I	C	A	S	S	E	E	S	R		
	S	L	I	A	T	H	G	I	H			E	R	L
F	S	S	A	R	G	E	U	L	B	A		Q	E	O
R					M					M		U	I	V
E	L	L	I	R	D	A	P	S	E	B		I	N	E
S	R	A	T	C	H	E	T	S		U		T	V	D
C		A	R	M	O	R	I	E	S			E	E	
O	R							V	H	T	D	S		
E	A	S	S	E	M	B	L	A	G	E	S	L	T	
S	J	C	H	I	C	K	W	E	E	D	S		I	
	A	N	O	R	U	E	N						N	L
	S	E	T	A	N	I	M	U	L	L	I		G	

Puzzle # 123
ASSORTED WORDS 123

1	2	3	4	5	6	7	8	9	10	11	12	13	14	15	16
	D	E	T	A	R	U	G	U	A	N	I				R
	S	E	I	T	S	G	I	P	B						A
A	S	N	T			M	G	N	I	L	D	D	I	W	T
	M	T	O	A		A	W	O	O	D	M	A	N		I
F		U	N	I	C			L	S	O	R	A	T		F
	A		S	E	T	I			T	D	Y				Y
L	D	U		I	D	A	D		S		P	L	U	G	I
	A	A	L			N	I	S	A	T	T		L		N
D	M	N	E	T	D	G	C	R	R	P	N			E	G
	E	I	R	H	I	E	L	C	E	E	E	I			J
		T	N	E	R	E	G	Y	A	V			C	O	
		F	D	T	I	R	G	M			N			X	P
		A	F	A	A	A			A				O		E
			H	U	R			J						C	
				S	L	F									

Puzzle # 124
ASSORTED WORDS 124

1	2	3	4	5	6	7	8	9	10	11	12	13	14	15	16
							G	N	I	T	T	U	J	H	
E		S	G	I					T					I	
	Z		M	N	N		T		S					C	
	Y		T	T	S	I	E	H	N			E		C	
			R	N	G	I	Z	P		A		D		U	
P				O	I	N	N	I	T		R		W	P	
H					T	L	I	A	R	N		G		E	
Y	L	I	D	W	A	B	K	G	O	E			A	D	L
S		U				L		C	R	G	S		R		
I			F				U		O	O	E	S			F
C				M				C		M		T			E
A			S	O	I	R	T		R		M		A		N
L			W	E	L	R	U	C		I		U			C
S		S	U	P	E	R	B	E	R		C		H		E
				Y	T	I	S	O	N	I	M	U	L		D

Puzzle # 125
ASSORTED WORDS 125

				B					H					F
				R	A	D	N	E	L	A	C			O
L	I	B	E	R	A	L	S			L				R
		F	O	R	M	U	L	A	T	E	D	O		B
S	D			M	I	R	R	O	R	S			N	E
	E		T	S	T	A	R	C	O	T	S	I	R	A
D	F	C	G	N	E	L	B	A	D	N	I	W	E	R
I	E	S	N	N	E	H						S		A
	N	R	D	E	I	M	C	E	R	A	M	I	C	N
	S	C	E	N	L	K	L	L					F	C
	I			I	P	E	O	A	I	E			U	E
	V			S	U	S	D	O	F	B			E	
	E			O	S	D	N	L	L				L	
F	L	U	S	T	E	R	S	O	O	C	U		E	
	Y						S		G	C		F	D	

Puzzle # 126
ASSORTED WORDS 126

		L	E	G	I	O	N	N	A	I	R	E		
	S	W	I	P	E	D	E	T	A	R	E	T	I	
	D	E	T	A	V	I	T	P	A	C				
					L	A	E	M	E	C	E	I	P	
D			C	O	H	E	S	I	V	E	N	E	S	S
I							C	R						G
N	B	S	R	E	V	A	C	T	U	A	L	L	Y	E
N		L				U	T	H	I				F	R
E			U			G	K	N	E	N			I	I
R				D		H		I	A	R	G		X	A
S					G	T			E	T	U		A	T
C	A	V	O	R	T	E	D			H	U	B	T	R
D	E	T	A	R	E	P	O	O	C		S	M	I	I
	G	N	I	R	R	E	T	N	I	S	I	D	N	C
S	M	O	T	N	A	H	P	S					G	S

Puzzle # 127
ASSORTED WORDS 127

	S	K	C	A	B	R	E	T	R	A	U	Q		
			P	R	E	S	E	N	T	A	B	L	E	E
A	D	A	R		G	N	I	N	E	P	O	E	R	R
T	S	I	S	E	S	T	A	R	B	O	A	R	D	D
T	T	E	S	P	I	M	P	I	N	G	I	N	G	G
A	G	R	X	H	I	Z								E
O	N	A	E	A	R	T				O			T	O
R	B	I	C	L	R	A	I			U			O	P
E	W	W	Y	T	P	M	T	R	T				U	O
O	R	O	E	I	M	O	I	D					S	L
C	O	R	V	V	O	N	O						L	I
C	N	Z		S	U	S	N	E	C	I	N	E	T	T
U	G	V	I	R	U	S	E	S	O			O	S	I
P	E		I	N	T	R	O	D	U	C	E	D	U	C
Y	R			G	R	E	N	O	V	A	T	E	S	S

Puzzle # 128
ASSORTED WORDS 128

C		J	E	L	L	Y	F	I	S	H	E	S		P
E	O		P		R	E	P	L	Y	I	N	G		O
	N	L	S	R			S							L
M	E	S	L	H	O	Y	L	I	R	G	N	U	H	I
A	M	T	L	I	T	S	R			R				C
C	O		A	A	D	I	T	E		E			S	E
H	O		N	V	E	L	H	I		C			A	W
I	N		G	E	D	A	E	L				L		O
N	L	O	S	S		E	M	E	G	S	L	F	V	M
A	I		F	T	C	E	R	E	R	E	E	I	O	A
T	G		T	E	I	V	P	N	O	M	S	H		N
I	H		E	G	T	A	M	T	C	H				C
O	T	O	M	B	S	N	D	P	D	I				E
N	E					E	A	E	E					R
S	D									R	G	S	D	S

Puzzle # 129
ASSORTED WORDS 129

```
      R E S U R R E C T E D
S S E N T C E R R O C N I
  S L M O D K I E H S       R
    E E           F         A
T     T G   C G N I T F U T M
  S I S A M     H   S T A B S R
E   E N C R E P I G R A M S O
  I D L C I T N     L     R   D
Y   R E L I M S       D C   G D
  L   E B A V A U       L     I
    N   G M T I R R     E I   N
      E N N O B L E F N     K G
        E   I T   I C C       E
          U   L N     T H
          Q       E   Y
```

Puzzle # 130
ASSORTED WORDS 130

```
    S H P A R G O N O M
G     Y D T H G U O R W R E V O
G N   T E G E S T U R I N G
E N I G I P A       S     R
  R I N N R P D     A     E R
    A T N I E A F   V     G E
      S E U N C Z L V     I E
C O N C E R T I N A I N G M X
        S P S A I E E   E A
S U P E R I O R     L S   S N M
      C O C K N E Y P N   T I
      R E S P E L T   M I E N
G N I T A N O S E R N   O D E
    A L I G H T S     I   C D
      L I Q U E U R E D
```

Puzzle # 131
ASSORTED WORDS 131

```
      L A C I H C R A R E I H
R A C Q U E T B A L L     X
N T     B R A S S I E S T   P
P O U         H C N U B R   A
L O I G A R L I C       O   R
E A C T G   S L A T E P V   A
R V W K O E     B E   E     P
  E I F M M D     R   B R   E
    S R U A O     O     T G T
      T D L R R D W     S I S
        O R N K P N A V I D
          R E E S I I     D
D E T S A P E V S E   L   I
S O U N D E R O S     B E
        G E N I T I V E R
```

Puzzle # 132
ASSORTED WORDS 132

```
I D   B S R S         C   S
N   E E L R A C       U   W R
V     L N U E K A     R F E E
E       C I E G I L   I L L C
S       A L F O N D O O L O
T D       R E I L G S O I M
I   R   C   O P S A I D N M
G     A   O B R   I H T G G E
A     G K N E E   P Y A   N
T U N D U E E C S N     T C D
O P T E D   R T I T O   E
R H O D I U M S T E R C S
  E L O H T O P I L R I L
    C O R R O D E D E G D A
      J U X T A P O S E E F
```

Puzzle # 133
ASSORTED WORDS 133

```
      O V E R E S T I M A T E S
R S G V       D E T R O P R U P
  E N N E S     I R U A S E H T
K T K O I R L         O
O   S C I M L L       B P
O     E A T R A I     I   O P
K T D     I B E A N H T B V R
A   E E S G E R F D T A O I D
B     L B S N N C     E N C E
U       R U E I I X R S A S
R S E N N A N L L L E H L T
R Y A S N U C K E C R E I S
A     S U E R S I F   E C
S     D E L P H I N I A S
Y L L A C I R E N E G L
```

Puzzle # 134
ASSORTED WORDS 134

```
    F O R M U L A T I N G
              D E S O L C E R O F
G   B   D E T U B I R T S I D
  N S L I A T H S I F
E   I   A C O A G U L A N T S
  L P Z   C U R       A
E   B O I O K P B     T
  S   A W R   B E     T
    T   B D O     I N E I
      R   I E G   R D   U
        A O R R E   D S   R
      S C A N S C Y T       F
    G A P E S G   S D A T I V E
G N I H T I K E     A   C
G N I R I M S E S S E R P X E
```

Puzzle # 135
ASSORTED WORDS 135

```
    D E G G O R F P A E L   U
  O   S N A P D R A G O N S N
S   G S L A N I G R A M     F
H N E R S     T S E I P M U L A
  S E R A R M A T C H L E S S
S M I T A B O S U C       T
O O   K T W M T S Q E       E
M O     A I D E I K M S     N
E T         R M R   S O U S E
T H         B S A   O O K I D
H E S M L A P A N H   P R   D
I R       D E L T T I L E B
N   G N I N O I T C N U F D
G     G E O G R A P H Y
S G N I W E K S R E T N E E R
```

Puzzle # 136
ASSORTED WORDS 136

```
    G N I Z I L A R E B I L
            J A H S K C I R
M C     F   I         U       S
E   O S   I G         T       C
G R W A M   G S       T M     A
A S E D U O E U T       E E   B
L T S S E T D Y R A E R D     B
O R T   I T H K   E R S I     I
P I E H   A U O I   L K C     E
O N D A   C R O R E H A S     S
L G   T S R E P P I H C Y U T
I E   C   E       P   N S U O M
S D   H   S         A   G   O L
E I G N I T E S R A O R       V
S   P O S T H A S T E
```

Puzzle # 137
ASSORTED WORDS 137

	M	I	S	T	R	U	S	T	F	U	L			I
D		R	I	C	K	E	T	Y	I	L			M	N
D	D	E	P	P	A	R	T	N	E	L	U		I	S
	E		C	S	W	O	L	L	E	M	X		L	T
	M	T	C	K					S	U		Q	A	
	B	I	O	C	H	E	M	I	S	T	R	Y	U	L
M			N	O	A	A			R	I	Z	E	L	
A			S	S	F	T	N		I	O	O	T	M	
J			P		T	E	A	D		P	U	O	O	E
O	S		I			E	R	L		S	S	M	A	N
R		N	R			R	A	Y		L	E	S	T	
I		L	A	I	C	A	R		B	Z	Y	D	T	
N		C	G		H	I	P	P	I	E	R	S		
G		Y		O	R	E	D	H	E	A	D	S		
S	T	I	L	E	D	H	S	R	E	L	E	V	E	L

Puzzle # 138
ASSORTED WORDS 138

		S	S	E	N	I	L	R	E	H	T	O	M
C	U	L	O	T	T	E	L	B	A	R	O	V	A	F
R	H		R	B			P	R	I	M	I	N	G	S
A	U	I	R	E	N	T	R	U	S	T	I	N	G	C
N	M		L	A	I			C					A
I	I	U		D	U	W			R				T
U	D	G		Y	I	G	E		U				H
M	I	L		A	N	A	D		E				I
F	I		R	G	J		L		W	N
Y	E	T	N	E	T	S	I	S	N	O	C	G
I	S		H	O	R	S	E	S	H	O	E	D
N	T		P	M	A	R	C	F
G		E	S	U	O	H	P	O	L	F	S
		P	H	E	R	O	M	O	N	E
	D	E	T	N	E	M	E	R	C	N	I

Puzzle # 139
ASSORTED WORDS 139

		I	N	D	I	G	E	N	O	U	S			I
			S	T	E	L	C	R	I	C		L	N
A	Z	N	A	G	A	V	A	R	T	X	E		I	J
S	U	G	N	I	L	I	N	N	U	C		B	E
E	M	B	E	L	L	I	S	H	M	E	N	T	E	C
E		E		B	C	T	I	M	D	A	E	R	R	T
A	B		L	C	U	H	S	I	V	R	E	D	T	I
R	S	I	S	A	A	S	I		W		G	I	N
T	C	D	R	N	B	U	S	C		A		A	N	G
H	A	Y	D	D	W	O	S	I	K	X		M	E
Q	B	L		E	C	O	R	E	N	E		E
U	B	L		D	A	G	A	W	G	N	T
A	E	I		L	G		T	A		E
K	D	C			A	E		E	Y	S	D
E	T	O	V	T	U	O		B	S		D	S

Puzzle # 140
ASSORTED WORDS 140

			G	N	I	Z	I	L	A	N	E	P
	L	L	A	U	Q	S	J			S	R
	Y	L	S	U	O	I	R	A	F	E	N		T	O
G	S	C	S	U	L	L	O	M			E	C
I	N	D	I	V	I	S	I	B	L	Y		P	L
C		I		M	A	E	L	S	T	R	O	M	S	A
	H		S		E	P	I	R	R	E	V	O	I
C	H	A	R	I	T	Y	S		O		N	M
		I		C		E		G		S
Y		E	R	X		C		E
	R		C	W	E		N		R
	O		N	H	O	W	I	T	Z	E	R	S
	V	D	E	M	M	A	R	C		C
	A		F		E			I
	S	T	S	E	F	I	N	A	M		L

Puzzle # 141
ASSORTED WORDS 141

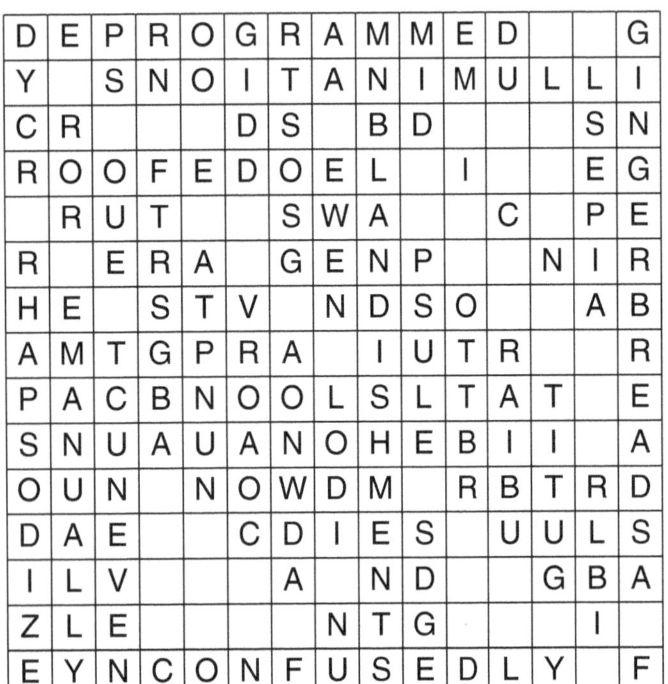

```
                        B
A L T I M E T E R S E I N A Z
B   E D U C A T I O N A L
S H           R       E N E C S
E N S   E L B A T N U O C O Q
N   O A       D Y T         N U
C       W L B R E A S T B O N E
E         I U   R M T E     I A
W           E O     I E R   V M
  O R         S G   S J P O E I
N O T E W O R T H Y K O I S S
      W T               N H D H
        O S   D I M P L I N G
        K O             R S
      L L O R M A E T S
```

Puzzle # 142
ASSORTED WORDS 142

```
G N I T A N R E B I H
  N O I S S E F O R P
  B A N N E R I N G         K
  G N I D N E C S E D N O C E
G   E F D E C A P S         Y
  N P X O   Y X O P E       B
S   I R P O Y L F F U R G   O
S T O C A R T I N G     G   A
T E V N T E N S S       I R
  H M O A T S O M I         D
    G L I H L S T I T       I
S E C I E D N I I E L F     N
      E H S E N O D I U G
S H E I K H S     G N   N M
B O Y I S H L Y             G
```

Puzzle # 143
ASSORTED WORDS 143

```
D E P R O G R A M M E D     G
Y   S N O I T A N I M U L L I
C R       D S   B D       S N
R O O F E D O E L   I     E G
  R U T     S W A   C   P E
R   E R A   G E N P     N I R
H E   S T V   N D S O   A B
A M T G P R A   I U T R     R
P A C B N O O L S L T A T   E
S N U A U A N O H E B I I   A
O U N   N O W D M   R B T R D
D A E   C D I E S   U U L S
I L V     A   N D     G B A
Z L E       N T G         I
E Y N C O N F U S E D L Y   F
```

Puzzle # 144
ASSORTED WORDS 144

```
        S Y A E G N E V E R
      B   N L A R O P R O C
  F   E     I S T
I L   S   A K U N
M A   E   S   S O A
P T A R T H R I T I C I N
A B       N S       X E
N E A     G   Y D     N T
E D   B   E C N A R A E P P A
L S   Y L L I S     S M
S   S N A I R A B R A B S O
C O N D E M N I N G     A H
M U D S L I N G E R S
  E M A N C I P A T O R S
      I N C L O S U R E
```

Puzzle # 145
ASSORTED WORDS 145

```
E C N U O L F T H R A L L S
  D       S V     T N A V R E S
H   I W     Y E E S S A L U H
A   M C I     C S R E T
L T I O R N     A I P M S
L S N H     E D S R H R I A
U M U E       T L D E C I G E
C E T S M       S E R T N C E B
I L I I   H       E D A I A E R
N L V V     S       T   N L R D
A I E E   G N I B M O T N E F
T E         D A N C E S     I
E R     R E I N W A R C S
S E M I T H C N U L B
  N O I T P I R C S N I
```

Puzzle # 146
ASSORTED WORDS 146

```
S   R     O V U L A T I N G
L     E R O C S R U O F
E S T I R E H N I S I D
D T S I X E S N O N S G U L S
G   G D   R G D E R E T S O R
I     N R E E A T N E S E R P
N       I O T S E I K S E P
G         L C I I           B
D E H G U A L N U W B       E
R E L T S U R I O S R       G
  T S E I M M U H C O       O
            B R I C K B A T S
        C R O U C H E S
      Y N O H P U E R
      L I T A N Y
```

Puzzle # 147
ASSORTED WORDS 147

```
E       R S S L
K T       T E R U E           S
R E U       R I E L V         U
S E E B S S   A N S L E       R
T K N I E E   D I U A L       E
A E I S R I Z   U A   H       A
N A   N B E T R I H C R O P A
D S U   I G R S A R   E
O   L G D T N U I D O   S     I
U   E E   N I L D I H         S
T     S R   E I I E P T       T
S P O O N E D   D X A R A U S
M I S G I V I N G   A F   L A
  R E S P O N D E D     T
    S R E L I A T E R
```

Puzzle # 148
ASSORTED WORDS 148

```
Q   S K C I R E V A M       R
  U S T     O C A R I N A   E
    A E S   S F   R E D I P S
A     S L E   L L           T
  L   A B I   E Y           R
A U T H O R I T Y R S       I
S S   E T A N O S R E P M I C
U C K I R K S   F O   K E   T
M A     C         R   C C
M N   B L A H E D     F   A K
E N   N O I T P M U S S A M
R E   Y L S U O I C O R T A
I R   B U R N O U T
E S     G L U I N G
R   D E G G O L
```

Puzzle # 149
ASSORTED WORDS 149

1	2	3	4	5	6	7	8	9	10	11	12	13	14	15
			G	S	S	E	N	E	S	U	T	B	O	I
			O	E	S	G	S							N
			O		S	S	N	O						T
			D		E	T	E	I		T				E
			W			V	A	N	K	S				R
T		D	I	Y	G	D	A	T	N	C	E			R
S	N	R	L	S	R	N	R	W	I	E	I	R		O
	H	E	L	S	T	E	I	A	O	O	E	P	P	G
H		A	C		P	C	W	T	W	R	N	K		A
A	S	M	D	E		R	E	E	E	N	C			T
L	K	S			O	D		E	L	R	N	W	I	O
E	U		D		W	N		W	E	B	O	O	M	R
R	N			E		S	I		T	S		Y	D	Y
	K		S	N	O	I	T	A	L	U	C	L	A	C
	S					C	R	E	T	S	Y	H	S	B

Puzzle # 150
ASSORTED WORDS 150

1	2	3	4	5	6	7	8	9	10	11	12	13	14	15
T			P	E	R	S	O	N	A	L	I	Z	E	D
G	N	I	Y	E	G	O	B	G	N	I	K	O	O	R
	L	A		S	T	L	U	S	N	O	C			
R	A		F	E	K	A	C	E	S	E	E	H	C	
E	Y			F			N	E	U	S	A	G	E	S
A	O				U			R	L					
L	V		D	Y		O		O	E	D				S
I	E		D	E	B		B	T		T	N			W
S	R	A		E	K	D	H	I			L	O		I
T			R		D	C	N	C				A	F	N
S				N		A	I	A	T	O	P	A	Z	D
S	F	F	A	L	I	P	O	L	T	A				L
E	D	U	T	I	G	N	O	L	O	S	M			E
G	N	I	N	I	H	S	G	Y			R		E	R
	R	E	T	N	E	C	E	R				F		R

Puzzle # 151
ASSORTED WORDS 151

1	2	3	4	5	6	7	8	9	10	11	12	13	14	15	16
R	D	E	H	P	A	R	G	O	H	T	I	L			
S	E		D	E	S	A	L	I	N	A	T	I	N	G	G
	E	C				R				C					U
G	A	S	O	H	O	L	E	S			A				R
F			S	R	A			T	O	L					B
G	R		S	O	G	S	G		S	L					A
	N	A		L	M		P	N			I	I			N
		I	T	C	A	S		I	I	G	R	S			
S			N	E	A	V	K		R	R		O			
T	Y		D	O	R	T	E	C		A	I			H	
R		E		E	I	N	E	L	A	P	T	S			C
I			O		T	T	I	G	B	H		I	E		
A			O		T	R	Z	O	E	S			O	D	
G				H		U	O	E	R	E					N
E	T	O	X	I	C	P		N	P	S	Y	F			

Puzzle # 152
ASSORTED WORDS 152

1	2	3	4	5	6	7	8	9	10	11	12	13	14	15	16	17
R					Y	D	E	F	L	U	G	N	E			
E	S	S		S	T	L	A	P	R	A	C		M			
M	S	T	U	C	E	N	T	R	I	F	U	G	E	S		S
N	G	N	S	O		S	E	N								R
A	E		O	I	I	R	L	D	E							E
N	N	L	S	I	R	C	A	U	E	U						S
T	T	H	A	S	T	T	A	T	V	C	L					R
F	R	U	G	B	E	A	E	D	I	N	E	F				E
A	I	N			I	O	L	G	M	N	F	O	R	F	L	L
L	F	G				E	R	T	U	O	E	I	C	P	A	A
L	Y	R					N	A	N	J	T	M	E			T
I	I	I						T	U	N	P			S		I
B	N	E							I	O	O	O				V
L	G	R		M	O	R	A	S	S	N	C	C				E
E	T	U	C	O	R	T	C	E	L	E	G					

Puzzle # 153
ASSORTED WORDS 153

	G	C		T	D	E	D	U	R	T	O	R	P
A	G	O	N	I	Z	I	N	G	K	I	O	S	K	S
O			O	I	R	S	D	S						
C	P	S	U	C	N	T	R	N	M			D		
C	E		T	A	I	E	E	E	A	I			I	
U	J		W	N	D	T	K	M	M	B	L		S	M
P	O		E	N	E		N	R	O	O		S	F	E
A	R	S	I	I	F	M	E	A	A	R	O		I	Z
T	A	I	G	N	I		T	Q	R	D	A	R	G	Z
I	T	D	H	G	C			O	U	F		B	U	A
O	I	E	I	C	I	T	S	I	L	A	E	R	R	N
N	V	K	N		T				L	T		E	I	
	E	I	G		D	N	A	B	M	R	A	O	D	N
	S	C	A	P	R	I	C	I	O	U	S		R	E
	K	C	H	R	O	N	O	M	E	T	E	R	S	

Puzzle # 154
ASSORTED WORDS 154

			P	E		G		H					P	
S	D		G	U	B		N	E	U				H	
C	N		A	T	I	S	I	R	N				Y	
R	D	A		R	T	R	T	D	U	D		L		
I	A	H		N	I	T	E	A	T	R	A			
M	O	U			E		I	E	A	R	O	U	E	
M	P	B	U	T	T	R	E	S	S	I	N	G	F	D
A	T	E				O	L	H		D	E			
G	I	R	A	F	F	E	S	F	K	E			S	
E	O	S	R	A	N	U	L			C	D			T
S	N			H	O	L	I	S	T	I	C			
	E	S	R	E	D	L	E	W	V			F		
	D			D	N	O	P	S	E	R	R	O	C	
	S	C	I	R	T	E	M	O	S	I	D			
S	K	C	E	N	R	E	H	T	A	E	L			

Puzzle # 155
ASSORTED WORDS 155

		D	I	A	L	E	C	T	A	L				
I		E		G				P	O	S	S	U	M	
N		M	R	S	D	A	O	L	E	E	R	F		
C	P	A	C	I	E		F	S	A	I	N	A	M	S
L	O	G	Y	O	A	D		F	F					N
I	P	N		T	N	N	U		E	O				I
N	P	E			I	J	O	D	I	D	U			P
A	A	T				L	U	I		M		L		E
T	S	I				I	G	L		M		L	S	
I		Z		G	N	I	K	C	A	L	B	U		Y
O		E	R	O	U	S	E	S	O	T	I		R	
N		D		T	S	E	M	A	T	D	I	B		E
S	T	N	E	M	L	I	A	T	R	U	C	O		
F	O	G	G	I	E	R	H	E	A	R	S	I	N	G
	F	O	S	S	I	L	I	Z	A	T	I	O	N	S

Puzzle # 156
ASSORTED WORDS 156

P			S	C	I	R	E	T	S	Y	H			
S	E	H	C	T	E	R	T	S	K	C	A	B	R	
		E		P	O	S	T	M	A	R	K		E	
		T	W	G	E	S	T	U	R	E	S	C	C	P
G	S		S	S	N						O	O	R	
G	N	D	F	E	T	I	S	H	I	S	T	N	N	O
U		I	N		I		L				C	F	V	
L	J		S	E		M		W		F	U	I	E	
P	A		I	V		O		A	A		S	G	R	
I			D	B	R	O	C	H	U	R	E	S	U	B
N		R	E	E	N	I	T	U	M	C	D	I	R	I
G		C	H	I	D	E	S			I		O	E	A
		S	O	F	T	N	E	S	S		C		N	L
Y	I	E	L	D	E	D	E	P	S	A	G	S		L
		P	A	I	N	F	U	L	L	E	S	T	Y	

Puzzle # 157
ASSORTED WORDS 157

				P	G	N	I	N	O	O	T	A	L	P
P		D	G	N	I	H	S	O	N					
S	E		R	C	G	F	E	R	U	N	A	W	A	Y
E		E	G	I	A	N	F	D						
C	R	L	R	A	N	R	I	L	O					
L	E	O	A	U	K	O	R	E	N					
U		S	H	G	C	I	L	E		I				
D			N	O	E	H	N	E	V		S			
E	N			E	S	R	E	G	D	A	C	T		
S	O	I	L	O	F	M	A		S	S		L		S
			H			M	G		T			A		
		B	R	E	W	E	R	I	E	S				P
		A	M	B	U	L	A	N	C	E	S			
S	L	I	O	B	R	A	P		U	N	T	R	U	E
		M	O	S	N	A	H	Y	L	I	K	L	U	S

Puzzle # 158
ASSORTED WORDS 158

E	D	U	T	I	T	A	L	P		O	M		
	P	S	N	O	T	U	F			R	Y	E	
O	I		E	B	I	S				G	S	N	
	T			I	L	N	D			A	T	R	
D	H	H		H	N	A	V	I		N	I	O	
	E		E		S	O	M	E	M		I	Q	L
	T	R		R	R	A	G	E	N		Z	U	L	F
	S		E		S	E	W	O	W	T	E	E	I	I
			V			R	K	M	O	O		N	S
R	D	E	D	R	O	C	C	A	C	S	R	R	G	H
	A				C			W	A	O	T	S	E
G	N	I	K	O	R	T	S	K	C	A	B	C	H	R
		S	E	R	U	C	E	S					Y
V	A	L	L	E	Y	S		G	N	I	R	P	S
R	E	W	A	R	D	E	D	E	L	L	U	T

Puzzle # 159
ASSORTED WORDS 159

N	O	I	T	A	T	O	U	Q						
I	O	G	L	A	S	S	W	A	R	E				S
	S	T	S	E	G	A	M	I	R	G	L	I	P	T
B		O	E		S	C	U	D	S					A
	L	B	L	P		S	W	E	L	R	U	C	C	
		O	E	A	A	T	N	E	C	S	E	R	C	C
		W	C		T	D	W	E	A	R	I	E	R	A
		E	T	K		E	R	E	T	S	A	L	B	T
		D	R	W	H	I	F	F	I	N	G		O	I
F	U	S	I	O	N	O	Z	Z	L	E				C
		F		C	R	U	C	I	F	I	E	S	H
		I		G	N	I	T	S	U	R	C			E
		E		S	U	R	G	E	R	I	E	S	A
	S	D	A	E	L	S	I	M					T
		E	L	U	C	I	D	A	T	I	O	N	S

Puzzle # 160
ASSORTED WORDS 160

T			S	R	U	O	H			S	I		
	N		S		E	B			M	A	N		
		E		E		I	P		A	L	C		
		N	M		L	C	L	A		S	I	O	
		A	E	D	K	E	Z	T		Q	N	N	
P	Y		M	C	E	C	L	Z	T	U	E	G	B
R	R	L	E		E	R	L	A	A	I	E	S	R	E
E	D	E	T	T	D	S	O	A	T	M	R	D	U	S
M		E	S	S	U	E	R	F	O		A	G	I	T
A			T	I	E	C	R	O	N	F	D	T	T	S
T				I	D	D	E	E	H	E	E		I	E
C				C	I	O	S	B		S		E	L
H					E	N	M	R	B			S	L
S	N	O	O	C	C	A	R	G	M	E	I		E
	G	N	I	B	I	R	C	S	N	I	P	G		R

Puzzle # 161
ASSORTED WORDS 161

C	D		E	E	R	S	E	R	V	I	C	I	N	G
O	O	E		R	L	E	Q					S	S	P
N	C	P	S		U	B	L	U				T	I	H
S	K	E		I		T	A	A	I			A	R	I
E	S	R			R		C	V	Y	R		R	L	L
Q	V	M		O	B	A	D	A	I	I	T	E	O	O
U		I	H		F	R	B	E	F	G	N	D	I	S
E		N	C	A		F	I	I	T	U	R	G	N	O
N	G	G	S	T	Y	S	A	M	L	T	N	O		P
C	E	R		E	S	S	E	L	M	I	A	A	F	H
E		E	I		H		E	L		I	T	L	M	I
		R	D		S		E	D		N	Y	F	Z	
			C			U		D	N		G		E	
				S			T			A			S	
P	E	R	S	P	E	C	T	I	V	E	S	D		

Puzzle # 162
ASSORTED WORDS 162

			D	N	E	U	N	I	M			C	A	
	T	N	E	L	O	S	N	I	E	L	C	L	V	
	S	E	S	O	P	R	E	T	N	I	O	I	E	H
	T	E	M	M	U	L	P		A	M	N	C	N	Y
S	H	O	O	P	C			C	P	N	K	G	P	
		H	E	A	V	E	E	N	O	I	E	E		
D		Y		S	S			E	T	N	R	R		
R			L	S	Y	E		S	A	G		A		
B	A	L	L	I	S	T	I	C	S	T		C		
	V	O		O	M		L	R		I		T		
	E		B	N		A		A	D	O		I		
	R		P			F		U	N			V		
	R		M	A	L	I	C	E	S			E		
S	R	E	C	O	R	G	L	N	O	I	T	A	R	S
	D					C					C			

Puzzle # 163
ASSORTED WORDS 163

	E	S	E	A	P	L	A	N	E		I	M	S
		Y		I	T			C		N	I	H	
E	V	E	R	G	L	A	D	E		C	S	N	O
N		W	H		I	L	R			L	T	I	O
O		I		O	N	E	E			A	M	E	
I		T	E		R	F	V	G	D		N	I	D
S	O	N		N		S	R	E	I	E	C	Z	M
I	I	E	T	H	T	B	E	O	S	B	F	E	E	P
L	L	S		S	Y	H	R	P	S	T	L	N	S	R
Y	F	S			E	M	R	I	L	T	O	E	O	I
	I	E			R	N	O	G	A	Y	R		C
	E	S			U	E	N	A	Y		K
	L			C	O	D	I	N	G		S
	D	M	U	M	I	X	A	M	D		N	D
		T	S	I	R	O	T	O	M		G	S

Puzzle # 164
ASSORTED WORDS 164

R	S	E	T	A	N	E	G	O	R	D	Y	H		
	E	E					K	E	R				N
		P	T	S			I	G	E		S	O	
	S		D	T	A	K		D	A	C	E	L	N
B	A	E	S	E	I	M	C		N	R	E	X	O	N
R	L	S	O	T	T	L	I	O	A	D	S	T	U	E
I	C	O	S	N	C	A	I	T	P		S	R	C	G
E		U	C	U	I	E	T	A	I		I	E	H	O
F		S	S	K	M	M	L	I	N	G	V	M	I	T
E	I	I	B	T	H	P	O	L	G		E	E	N	I
R		N		M	O	O	T	D	O	O	S	L	G	A
	T	I		U	M	U	I		C	C	Y		B
	A		S		H	I	S	O				L
	K				T	Z	E	N				E
	E	C	R	U	E	L	L	E	S	T		

Puzzle # 165
ASSORTED WORDS 165

D	T	O	P	L	E	S	S	B				
	E		S	E	Z	I	T	P	A	B		
S	L	L	E	H	S	G	G	E		W		
G		D		T	O	G	G	L	E	D		
P	N		N	D	I	S	S	E	R	V	I	C	E
S	I		I		R	O	O	M	F	U	L	S
Y	E		T		G	W	T	E	R	R	I	F	Y	Y
C	I	R	F	U		N	D			I		
H	S	N	O	I	T	C	I	R	T	S	N	O	C
I		K	D	C	R	I	D	E	E		S	
A	M		Y	O		R	T	E	U	I		A
T		Y		J	R		I	S	M	L	M		R
R			H		A	S		N	O	M	B	A		G
Y				T		C	E		G	R	E		G
S	G	N	I	L	L	I	K	D			P	H

Puzzle # 166
ASSORTED WORDS 166

S	E	S	R	E	M	M	I	N	U	R	I	N	G
			G	N	I	L	E	E	K			
	D	A	Z	Z	L	E	N	O	T	E	L	E	K	S
	S	N	O	I	T	A	R	U	J	D	A	
S	B	E	A	T	I	T	U	D	E	S	P	A	R	K
S	E	Y	Y	G	O	L	O	T	N	O	R	E	G
K		A	G		D	I	S	A	B	L	I	N	G
E	G		T	O		S	E	H	C	R	A	L
T	R			E	N			T	C	E	J	B	O
C	A	S	C	A	D	E		Y	L	R	E	T	T	U
H	M	E			S	U	O	R	T	A	L	O	D	I
I	M		X			G	N	I	L	B	M	A	H	S
E	E			T	N	E	R	E	V	E	R	R	I
R	S				R	C	O	N	F	A	B	B	E	D
	G	N	I	T	A	R	E	M	U	N	E	

Puzzle # 167
ASSORTED WORDS 167

N		S	R	U	E	N	E	R	P	E	R	T	N	E
A		S	B	G			M	I	S	S	I	O	N	S
T		C	E	A	N	E	Y		D				R
I	G	C	I	I	N	I	T	L	D	E	W	O	M	H
O	U		O	N	F	E	V	A	M		T		O
N	I	D		L	E	I	F	I	C	E		N	M
A	L	S	E	S	O	G	T	U	L	I	E		A	B
L	T	Q		T	N	N	O	N	L	N	N	S	C	O
I		U			I	O	I	N	E	L	O	R	R	I
S		A			M	R	A	I	D	E	N	O	D
M		D			N	A	E	L	C	I	S	S	F
D	E	Z	E	P	A	R	T	N	H	I	R	S	T
R	E	G	A	R	O	F			Y		S	A	I
D	E	T	A	C	I	N	R	O	F	D		T	C	M
	D	O	L	E	F	U	L	L	Y

Puzzle # 168
ASSORTED WORDS 168

S	E	L	D	D	U	H	D	I	L	O	S	
	N	H	T	I	A	F	R	E	T	N	I	
	E	L		U		T	A	I	N	T		P
L		T	O	G	R	A	C	E	F	U	L	E
	A	C	H	A	R	M	E	R	S			R
G		R	G		L	T		G	O	B		C
R	N		B	A	B	P	N			O		E	A
E		I		O	R	U	T	O		L	D		P	P
F		T	N		A	R	T	S	C	S		N	T	P
L	D		R	A		R	O	L	A	T		I	R
E		E		A	E		D	T	E	E		B	E
C			K		W	M		S	T	R	R		L	H
T	D	E	T	A	C	H	A	B	L	E	S	B	E	E
O				F		T			D	S		N
R		E	X	C	L	A	M	A	T	I	O	N	D

Puzzle # 169
ASSORTED WORDS 169

1	2	3	4	5	6	7	8	9	10	11	12	13	14	15	16
	P	R	E	C	A	R	I	O	U	S	L	Y			
G		S	S	E	L	T	U	G	S	U	N	K	E	N	
D	N	L	N	E	C	R	O	M	A	N	C	E	R	S	
O	I	I		O	C	P	R	O	S	P	E	C	T		
N		S	N		I	I	Y	E	T	O	M	O	R	P	
O		T	C	N	S	T	T	L		S					
M	G	E		R	A	T	A	S	N		T				
A		N			I	C	F	L	I	M		R			
T	P	S	I	S	C	M	S	I	O	R	E		A		
O		A	F	T	R	H	I		L	S	U	L		W	
P			R	L	T	E	I	N		E	N	T	O		
O			F	A	O	N	S	A			C	O	U	S	
E	K	A	P	S	A	S	N	E	E	T	N	A	C	F	
I					I	K	K	P	L	E		F			
C			S	T	A	R	T	S		O	S	S			

Puzzle # 170
ASSORTED WORDS 170

1	2	3	4	5	6	7	8	9	10	11	12	13	14	15	16
A	T	C	N	A	S	R	E	T	T	I	R	F			
			L	O	Y	E			N						
F	E	P	S	A	I	L	R	E	R	A	W	A			I
	U	L	A	K	T	T	L	U			L				N
	N	B	T	I	N	A	U	T					O		N
			G	A	T	N	E	D	F	S				O	O
S			S	A	D	I	T	M	N	T	A				C
	N			H	L	N	N	A	N	E	E	P			U
F	E	R	R	E	T	S	A	G	E	R	M	R			O
		O			U		P	N	B	E	M	F			U
		H			M		X	I					V	O	S
S	L	A	V	E	R	S	B	I	D	E	D			O	C
O	C	C	L	U	S	I	O	N	Z					I	G
	M	U	L	T	I	P	L	Y	A					L	
N	O	I	T	A	N	I	C	U	L	L	A	H			G

Puzzle # 171
ASSORTED WORDS 171

1	2	3	4	5	6	7	8	9	10	11	12	13	14	15	16
			S	G										P	G
N	S	E			N	I			F					L	A
E	P	U		S				O	D		I			A	S
G	R	N			I				I	D	N			C	T
L	E	R			R	E	C	E	P	T	I	O	N	A	R
I	S	I				U	R			C	L			R	O
G	I	S		T			R		E		K	N	Y	D	N
E	D	I	E			S	I	D		X	I	C	U		O
N	E	N			R			E			E	O		F	M
C	N	G				G	S	M			S	R	C		I
E	T			P	R	O	N	E	L			O	O		C
	S				N	O	I	T	A	T	O	N	N	A	
M	O	N	O	G	R	A	M	S			C	N	M		L
					I	N	S	E	T	T	E	D	A		
U	N	T	R	U	T	H	U	M	P	E	D				V

Puzzle # 172
ASSORTED WORDS 172

1	2	3	4	5	6	7	8	9	10	11	12	13	14	15	16
D	I	N	A	R	T	I	C	U	L	A	T	E			P
A	E	G	N	I	W	O	L	L	I	P				P	R
N		B		M	E	T	R	O	M	T	S	O	P		O
D		C	R	O	S	S	E	S	T					R	F
L				A	M	S	I	R	A	H	C			E	I
E					B	F								C	T
S	S	E	N	E	V	I	T	C	E	F	F	E	E		A
E					Z		J							D	B
S	T				Z				O					I	I
H		A		S	L	E	E	H	W	Y	L	F	N		L
A		R	E	S	I	S	T	E	R	H	R			G	I
R	O	V	E	R	T	O	N	E	S			I	I		T
P		Y	L	E	U	Q	I	L	B	O			L	D	Y
E	S	U	O	H	Y	A	L	P						E	E
N		L	O	W	L	I	E	S	T						S

Puzzle # 173
ASSORTED WORDS 173

```
R D E T A C I D E D . . . . .
. E R . B A L C O N I E S . S
P G T A R A M L O . . . . . U
. U N S O E R A A W . . . . P
. . F I P B T E T W L . . . P
. . F C M P H F Z E I . . . L
. . . I N U I G O O R C . . I
. . . F . N I D L I O H I K E
G L A Z E D . M . C F T S F S
. . . . . . E C O S T L I E R
D I S Q U A L I F I E S L . .
. . S R E N O S I O P . . U .
. D E G D U L S H T U M S I B
Y L B I C N I V N I . . . . .
. . . E L B A C O V E R R I .
```

Puzzle # 174
ASSORTED WORDS 174

```
. S E G . . B N . . . . . . P
. . L L N . A I . . . . . . L
E . E A B I . S A . . . . . U
. C V . C A N D E D U C I N G
S . A B . I H R Y B R . . G I
H F T L A . D T E F O O . E D
A . O G P C R E A V I A . D E
D I R O O T K O M E O T R . A
O A S . R B E H T R R G R D L
W M . . P B K A I E B S O S .
S B . . . E L R N D P . I M .
K I D D O E S R E A D E S . M
. C . . . . . . I D M I R E .
S E T I B R E V O F . . N C V
. . . . J O U R N E Y E D G .
```

Puzzle # 175
ASSORTED WORDS 175

```
. D E C E N T R A L I Z E D .
R . M . . L A C I T I L O P .
E R I . I . P T S E I R I W .
O E E M . D . O . E . . . . .
C M . P P . R Y T . H . . S .
C I . . U E . I A A . C . H .
U S . . . B R R F W S . T E .
P S . . . . L T E F A H C A D
I I . . . . . I I P S E . F H
E O . . . . C C N S . D . . .
D N D E H C N U M A E A . I .
. S R E P A E R . . N N J . H
F L A W L E S S L Y T S T . .
E D U C A B L E S . E . . L .
A R T S O R . D E L D A R C Y
```

Puzzle # 176
ASSORTED WORDS 176

```
A . G Y L S S E L H T A E R B
H P . N S T N A N E T U E I L
A M P . I . G . . . . . . . C
N I . E . R . R . . . . . . O
D S M . N . E D I F Y I N G N
W S B P G D . E E D . . . S D
R I A T O N A L N T D . . P I
I O Y . . R I G N A O L . U T
T N I . . . T H E R C I E R I
I A N . . . U S S E C R T O .
N R G . . . . N I . T U S N .
G Y S E X I E S T E N . S B A
E L L I P T I C A L S R . I L
. O T T E R B I L . . U . C .
D E C S E L A V N O C . . B .
```

Puzzle # 177
ASSORTED WORDS 177

							Y	T	I	N	U	M	M	I
			S	D	E	R	B	N	I					
		E	Z	I	N	R	E	T	A	R	F			
S	T	F	A	R	D	S	U	F	F	U	S	I	O	N
N		M	F	R	E	E	L	O	A	D	E	D		M
I	Y	L	E	T	A	R	U	D	B	O				I
G			M			R			G					N
H	H			B			E			O				I
T		C			S	E	D	A	F			F		S
C	S	T	N	I	O	P	R	E	T	N	U	O	C	T
A				U		C	E	S	S	P	O	O	L	E
P				T	R	U	C	K	I	N	G	C		R
S		G	N	I	H	C	A	O	R	C	N	E		I
			B	M	O	C	Y	E	N	O	H			A
	A	T	A	M	O	H	P	M	Y	L				L

Puzzle # 178
ASSORTED WORDS 178

R			E	X	T	R	A	D	I	T	I	O	N	S
E	E	R		E	X	P	L	I	C	A	T	E	S	
G	D	P	O					G						J
	N	U	P	T	S				N	D				E
		I	L	I	A	E	Y	B		I				W
		O	E	R	C	L	O		V	Z				E
			D	R	T	I	U	R	O		U			L
T	A	U	N	T	S	P	S	L	C	T			F	L
G	A	B	A	R	D	I	N	E	P	S	S			E
						M	V	I	U	U	E			R
P	E	L	I	C	A	N	S	A		P	D	N	D	S
				S	L	A	E	R	E	C	M		I	
S	E	I	P	P	E	R	P	D				A		M
H	S	I	B	R	U	F		S					C	
						S	K	N	U	M	P	I	H	C

Puzzle # 179
ASSORTED WORDS 179

P					A	S	H	O	R	E				
O	E	T	A	U	T	C	E	F	F	E			M	Q
L	R	O	T	O	R			T				P	I	U
L	P	U				E	I		A			I	S	I
I	S	D	S	G			L	M		B		K	C	C
N	Y		E	T	N			L	P		E	E	U	K
A	C			H	I	I			O	R		D	I	I
T	H		S		T	E	R			R	I		N	E
I	O			E		A	R	E	E		T	S	G	S
N	L				I	D	E	B	B	I	J	N	O	
G	O					N		U		B	M		O	N
	G						O		Q		I	M		C
L	I	A	I	S	E	D	E	B	B	E	W	G	O	
G	E	N	E	A	L	O	G	I	E	S	B			M
	S		D	I	A	G	R	A	M	M	A	T	I	C

Puzzle # 180
ASSORTED WORDS 180

			D	U	F	F	E	R		G	Z			
		S	W	A	R	D	R	E	V	O	I		C	
	A			S	Z					U	N		A	S
Y		P	S		E	Z				T	C		R	N
	R		P	L		C	L			I	S		P	O
S	S	A		E	A	G	N	I	R	E	D	R	O	B
A	E	T	I	C	A	M	N	A	N	R			R	B
T	R	I	E	D	O	R	I	I	D	G			T	I
E	E	C	F	L	N	S	A	X	L	N				S
E	D		H	E	L	E	T	N	A	O	U			H
T	N			A	R	A	C	U	C	M	J	B		
H	E				I	A	B	N	M	E		A	A	
E	C					C	R			I	I		C	
S	K	F	I	L	L	I	P	E	D		N			
		G	N	I	T	H	G	U	A	R	F	G		

Puzzle # 181
ASSORTED WORDS 181

```
  S C I R E H P S O M T A   F
    O H     P     E         O
    N I     R E I L N A M   X
  N S D Y L D W E L H       T
M A C E G C O R D I A L L Y R
E I R A   N E     C N C S K O
S L I W     I     A C   T O T
S I P A   G T   T E     O W T
A N T Y   H   E T       O T I
G G I S   T     L       G O N
E   N O       E L     E W G
    G   J L A K I N G I S I
  F A L C O N E R S     B N
          S E S S E D D O G
    S S E N L U F T E G R O F
```

Puzzle # 182
ASSORTED WORDS 182

```
T V       M A C R O C O S M S
O I     N E F O R P U B I A P
F A E Z I S E H T O P Y H L R
F N D E C R O F W G S     T I
I D   I S       E A U N R R O
E S C B F T     N B R U I E R
S B O   O F N   T L V R P A I
  R S N   X U E Y E I T O T T
L A P H O R I S M S V U S S I
A V O     I   N E I E R T   Z
X U N     T   G D D I E     E
L R S M U I N U T P E N S   S
Y A O         L   G O
    R E D U R     B       C
        G A T E W A Y S
```

Puzzle # 183
ASSORTED WORDS 183

```
S   L O V E R S H O E
  K H A S T I N E S S
E   R   V F R U I T I N G     D
  T M O A I     D           E
A   A O W C R S   A         L
P D   T D E C R R   P       I
R S V   I E M E A E   P   B Q
O P   E G L R A S   W   L R U
M A   R   I N R S   E   E E
I N   E T E M I F I   H E S
S G   S   I C   S   B   C C
S L   S     S U   T   L H E
O E     I H I K E R S     E N
R D I S O B A R S D T     S T
Y H T G N E L   D E H S A U Q
```

Puzzle # 184
ASSORTED WORDS 184

```
  N G I N E B K C I T S P I L
P   N C R E A T I O N S
U D I   S U G N I N O T N I
N   I T   S O           E R
C   S I     E J         X A
T   E A     G L D       T I
U   N L   F N E A       R N
R Y T I L I B A C I L P P A W
I   A Z     C   Y L I   S A
N M N E     A     L B U   T
G A G D     D       M R G E
  K L H A L T E R I N G R U R
R E I N R O H S D N E P U A B
  R N R E T N E M E L P M I W
    G I N F L A M M A T I O N
```

Puzzle # 185
ASSORTED WORDS 185

```
      N O I T A T N E M O F
  Y S R E V O R T N O C
    G N I K A E R B T R A E H
    P A N C R E A S E S
        C   K I P E N T A G O N
D E T T O J L V           O
L T   D S L C A I N O M E D U
O O S T E R L   W L       T
  B N E I O E U Y T I     G
    D E I U N G D K A Z     R
      U S Z C A D E N C E S O
        R O T R C A D U     W
D I V V Y A M U I   B   H   I
          T E L C       C N
R O Y A L L Y E S K         G
```

Puzzle # 186
ASSORTED WORDS 186

```
    A A C S E I F E U Q I L F
    L C U       F           O
    L C R   E N S E M E D   R
    U U V     H B Y I       G
    V S I     Y O A L       I
  U I A N K L E T G L P E   V
  N U T G     B   I D E R E
A D M I N I S T R A T E S R N
D E G O   L I V E N   N P
Y R   N   B E L T E D   E
  S A S I     L     I
  T A L   L   K     T
  O E L   L     C     S
  O   N U   O     O
  D     U D   B     C
```

Puzzle # 187
ASSORTED WORDS 187

```
  D   D F L O U R I S H E S
    I   A   T D E L K C U S
B   S O   S S H A
A   E I H L   E D C I
C I G   X N A F S W A N L D
K H R N S T T N F K O O Y I
D S A M I E R E D O N L T S F
R   U S A L R A G M   A L P
O   L T N L O D R A   H O
P     P I   E T I A I   S H
H Y D R A N T   U S T T D A
      O Y   Q K I E L
  S M O C K I N G     O O S
    G N I D D O R M A R O N
Y T I L I B I X E L F N I B S
```

Puzzle # 188
ASSORTED WORDS 188

```
    E V I S S I M R E P
S       E S R A P
S T   G N I T A I D U P E R
  T E   C G   N S B E M U S E
Y S O K O C N   I U       N
  T   P N R G I E K R     A
S E T   S A   N T L S T   C
U P   A C V L N I C S T N   T
G S S   R A T B E O E S A I I
A O U   I T   S   O T L A O N
R N N   P T L   I   N O E H G
C S N   T E   U   L   A H
A   I   I D     X   U   T P
N   E   O   I M P E A C H E S
E   R G N I S R U C       O
```

Puzzle # 189
ASSORTED WORDS 189

Puzzle # 190
ASSORTED WORDS 190

Puzzle # 191
ASSORTED WORDS 191

Puzzle # 192
ASSORTED WORDS 192

Puzzle # 193
ASSORTED WORDS 193

```
. . . E K S D P . . . .
. I . E . N E E E O . .
C M . G G . . C Y L F A
R P . . N A . U S Z F C
I O . S T I L . M T Z U H
T R T C . S D E T B O I N E
E T B A N T E R S E E N R S R
R U U N C . E K A U L R E F H
I N M N E I . U R O F T S S E
A I B I D . L . R A B . N . X
. T L N I . . P . T D . . A A
. Y I G L C O M P O S T I N G
. . N . L . . . A . N . . . O
. . G H A U G H T I E R O . N
. . . S H U T C H I N G C .
```

Puzzle # 194
ASSORTED WORDS 194

```
H I L L O C K S . . . . . I .
. Y L S U O L U C A R I M .
. . S R A E B E R O F M I
. . . S P O R T I C O E M
. C . C . . E Q U A T O R R P
. . R . A L A N T E R N S S R
T . C O M P O S I T E S . I O
H R D . N E I . E Z . . O B
Y . E N K E N L L G Z . . N A
M R . S E N D I L Y N I . . B
U . E . T P E E T A C O D . I
S . . H . O I E O O R E P . L
E . . . S . R T L R C I U S I
S B U S H I N E S S E I E M T
. . . . . . F . R . . Z N S Y
```

Puzzle # 195
ASSORTED WORDS 195

```
D . . . A T T R I B U T E S
. I . . L . R E K C I T S
N P S . E L . F
A U A . N Y O . F
R T . P . C . T W . U
R T R E P P O R C H I L E L
O E E N C O R E S . G N . B
W R . . E O . H . I G H
E E . . . V . O . N A
D D . D E R E M M A H C . R
. G N I L G N A J . L . K K
. . E R O P M E T X E
G N I M R O F R E P . D D
. . G N I W E H C S E
S E C A R L L I M A R I M B A
```

Puzzle # 196
ASSORTED WORDS 196

```
I C L A I M . H T O P K N O T
N S T F I L K R O F
F . E . M I L L I M E T E R S
I S . X L O R D L I E R
L . E M A N A T I O N W
T . H . F T A L I S M A N S
R G . S . D E R R E F E R
A . N S T I F M O C S I D . D
T . I . N . . . G . V
I . E L B A I F I T R E C O
O . . O . M . . O . L
N G R I M E D . I O . T
. . D I T H E R E D M . A
. . H A N G O V E R S I
N E C T A R I N E S . D . C
```

Puzzle # 197
ASSORTED WORDS 197

Puzzle # 198
ASSORTED WORDS 198

Puzzle # 199
ASSORTED WORDS 199

Puzzle # 200
ASSORTED WORDS 200

www.ingramcontent.com/pod-product-compliance
Lightning Source LLC
Chambersburg PA
CBHW081934160726
47999CB00008B/2389